Julius Wolff

Singuf Rattenfängerlieder

Julius Wolff

Singuf Rattenfängerlieder

ISBN/EAN: 9783743415966

Hergestellt in Europa, USA, Kanada, Australien, Japan

Cover: Foto ©Thomas Meinert / pixelio.de

Manufactured and distributed by brebook publishing software (www.brebook.com)

Julius Wolff

Singuf Rattenfängerlieder

Grote'sche Sammlung
von
Werken zeitgenössischer Schriftsteller.

Bis jetzt sind erschienen:

Otto Glagau, Fritz Reuter und seine Dichtungen. Neue umgearbeitete Auflage mit Illustrationen, Porträts und einer autographischen Beilage.

Julius Wolff, Till Eulenspiegel redivivus. Ein Schelmenlied. Mit Illustrationen. Elfte Auflage.

Julius Wolff, Der Rattenfänger von Hameln. Eine Aventiure. Mit Illustrationen von P. Grot Johann. Fünfzehnte Auflage.

Wilhelm Raabe, Horacker. Mit Illustrationen von P. Grot Johann. Dritte Auflage.

Friedrich Bodenstedt, Theater. (Kaiser Paul. — Wandlungen.)

Anastasius Grün, In der Veranda. Eine dichterische Nachlese. Dritte Auflage.

Julius Wolff, Schauspiele. (Kambyses. — Die Junggesellensteuer.)

Carl Siebel's Dichtungen. Gesammelt von seinen Freunden. Herausgegeben von Emil Rittershaus.

Wilhelm Raabe, Die Chronik der Sperlingsgasse. Neue Ausgabe, mit Illustrationen von Ernst Bosch. Dritte Auflage.

Julius Wolff, Der wilde Jäger. Eine Waidmannsmär. Zwölfte Auflage.

Hermann Lingg, Schlußsteine. Neue Gedichte.

Julius Wolff, Tannhäuser. Ein Minnesang. Mit Porträtradirung nach einer Handzeichnung von Ludwig Knaus. Zwei Bände. Sechste Auflage.

Julius Wolff, Singuf. Rattenfängerlieder. Zweite, unveränderte Auflage.

Grote'sche Sammlung

von

Werken zeitgenössischer Schriftsteller.

Vierzehnter Band.

— ❖ —

Julius Wolff, Singuf.

Singuf.

Rattenfängerlieder

von

Julius Wolff.

Zweite, unveränderte Auflage.

Berlin,

G. Grote'sche Verlagsbuchhandlung.

1881.

344950

Übersetzungsrecht vorbehalten.

Druck von B. G. Teubner in Leipzig.

Praeludium.

„Weiß nicht, Herr, wo ich geboren,
Auf der Heerstraß' ist's gewesen
Und im Troß auf einer Kriegsfahrt,
Kannte Vater nicht und Mutter.
War ein Reitersmann der Eine,
Aber frei und ritterbürtig,
Und die Andre mußt' ihr Leben
Lassen, als das meine anfing.
Doch die Alte, die mich aufzog,
Sagte, schön sei sie gewesen,
Habe Lieder singen können
Wie kein andrer Mund auf Erden,
Und die Kunst und Lust zum Singen
Ist mir selber angeboren.
So bin ich ein Spielmann worden,

Fahre unstät durch die Lande,
Lieder hab' ich ungezählte,
Eine Heimat hab' ich nicht."
Also sprach vor dem hochedlen
Und wohlweisen Rath zu Hameln
Eines Tages Hunold Singuf,
Der vielkund'ge Rattenfänger.
Sprach darauf der Bürgermeister
Wichard Gruwelholt: „Ihr traut Euch,
Unsre Stadt vom Ungeziefer,
So von Ratten wie von Mäusen
Binnen kurzer Frist zu säubern?"
„So von Ratten wie von Mäusen,
Ja, Herr! wenn mit Königsfrieden
Ich in Eurer Stadt darf weilen,"
Lautete des Spielmanns Antwort.
Redlich hat er Wort gehalten;
Alle Ratten, alle Mäuse,
Die zur Zeit in Hameln hausten,
Mußten sterben, Weserlachse
Haben sie hinabgeschlungen.
Aber auch die alten Lachse
Sind dahin und auch die Menschen,
Die im Stift davon gegessen.
Alle diese sind verschwunden:
Ratten, Mäuse, Lachse, Menschen

Sind vergangen, — auch die Lieder?
Auch die ungezählten Lieder
Jenes heimatlosen Sängers?
So nun frug ich selbst mich manchmal,
Sann und sann in stillen Stunden,
Ob sie nicht zu retten wären,
Falls die Rettung sie verdienten.
Diese Klausel gab zu denken,
Doch versucht' ich's, und es glückte.
Käm' mir Einer mit der Frage
Jetzt wie weiland Bertram Lupus,
Welche Mittel wohl und Wege,
Welches Kraut und welchen Zauber
Ich gebraucht, um sie zu finden,
Gäb' ich ihm dieselbe Antwort
Wie der Fahrende von damals:
„Herr, das ist nun mein Geheimniß!"
Doch — so würd' ich weiter sprechen —
Doch des Rattenfängers Lieder,
Seht, hier sind sie, ungezählet!
So wie Singuf sie gesungen
In den Städten und den Dörfern,
In den Schenken, bei der Linde
Und auch manchem hübschen Mädchen,
Hab' ich sie hier aufgeschrieben.
Denket Euch dazu die Fiedel

Und den kecken, schlanken Spielmann
Mit den heißen, dunkeln Augen,
Mit dem abgeschnittnen Ohre, —
Und dann nehmt auf Treu und Glauben,
Nehmt sie freundlich auch von Einem,
Der schon in der Jugend selber
Mäuse fing und Lieder machte!

Berlin, November 1881.

Inhalt.

Singuf.

Zum Gruß.

Mit Hand und Herzen Gott zum Gruß,
　Ihr lieben Leutchen alle!
　Der Spielmann kommt mit leichtem Fuß,
Ob euch ein Lied gefalle.
Die Fiedel streich' ich jederzeit
Und blas' auch auf dem Rohre,
Zum Lautenschlag bin ich bereit
Vor wohlgeneigtem Ohre.

Ich will euch jetzo frisch gewagt
Etliche Stücklein singen,
Und wenn's, Vielwerthen, euch behagt,
Eins nach dem andern bringen.
Denn Lieder und Schanzunen viel
Und Aventiuren weiß ich,
Mein Tagwerk ist Sang, Saitenspiel,
Und Hunold Singuf heiß' ich.

Frühling.

Treib' hin, du letzte Scholle Eis,
Brich' auf, du junges braunes Reis,
Ich hab' genug an all dem Weiß,
Säh's gerne grünen und blühen.
Der Lenz steht draußen vor dem Thor,
Das Veilchen spitzt sein blaues Ohr,
Wie sehr es auch die Nacht noch fror,
Es fühlt ein Schwellen und Glühen.

Ich athme Würz' und Wonnen ein,
Umfaßt von goldnem Sonnenschein,
Schon grüßte mich ein Vögelein,
Das schüttelte sein Gefieder.
Mir selber wird so federleicht,
Als ob ins Herz die Liebe schleicht,
Der Frühling kommt und lacht und reicht
Mir Blumen und neue Lieder.

Waldesruh.

O laß das Haupt mich legen
In deinen Schoß zur Ruh,
Sprich einen Schlummersegen,
Mir fallen die Augen zu.

Ich hör' ein leises Klingen
Wie Flöten und Schalmei'n,
Die winzigen Wichte singen,
Die Würmchen und Käferlein.

Und goldne Lichter zittern
Durchleuchtend das grüne Laub,
Es ist ein Flirren und Flittern
Im blitzenden Sonnenstaub.

Es funkelt in den Bäumen,
Es fächelt so süß die Luft,
O wunderselig Träumen
In Schatten und Waldesduft!

Ich fühle, wie du leise,
Kaum merklich dich bewegst
Und deine Blumen im Kreise
Zum Kranz zusammenlegst.

Und ist das Kränzlein fertig,
So schling' es mir um's Haupt,
Ich bin des Mundes gewärtig,
Der einen Kuß mir raubt.

Das Dritte.

Der guten Dinge, hört' ich nur,
Sei'n allwegs ihrer dreie,
Ihr Mädels, helft mir auf die Spur!
Ich weiß nur deren zweie.

Das Erste wär' ein wackrer Trunk,
Gekeltert oder gebrauet,
Kühl, kräftig und aber tief genung,
Eh' man den Boden schauet.

Das Zweite wär' ein goldig Lied
Aus sangesfrohem Munde,
Nur frisch und sonst ohn' Unterschied,
Wovon es gebe Kunde.

Was aber wohl das Dritte sei,
Kann ich mich nicht besinnen
Und möchte sie doch alle drei
So gerne mir gewinnen.

Ihr kichert, Mädels, und ihr lacht,
Wißt ihr es denn zu sagen?
Ich hab' es nicht herausgebracht
Mit allem Rathen und Fragen.

So lacht doch nicht in Einem fort!
Kommt, nehmt mich in die Mitte
Und flüstert mir ins Ohr das Wort,
Was ist das Dritte, das Dritte?

Heraus und Herunter!

Glaubt mir, so kummervoll und bang
Bin selten ich gewesen,
Daß nicht alsbald bei Strich und Klang
Die Seele mir genesen.
Wenn ich nur an den Wirbeln dreh',
Fühl' ich vom Scheitel bis zum Zeh
Ein neugestimmtes Wesen.

Was mir im Kopf sich drängt und regt,
Heraus laß ich es springen,
Was quer sich über's Herz mir legt,
Herunter muß ich's singen,
Daß klipp und klar aus voller Brust
In bunt gemischter Lieder Lust
Mir die Gedanken klingen.

Der Mond nimmt zu.

Der Mond nimmt zu, die Sichel schwebt,
Die Nacht ist bläulich helle,
Es fluthet um mich her und webt
Thaufeuchten Lichtes Welle.
Nimm zu, mein Glück!

Er kühlt das Herz und nährt das Blut
Und schafft gesunde Säfte,
Gießt in die Seele List und Muth
Und wirkt geheime Kräfte.
Nimm zu, mein Glück!

Des Wortes und der Töne Macht
Quillt mir aus seinem Segen,
Und lauschig in der Vollmondnacht
Folgt Manches meinen Wegen.
Nimm zu, mein Glück!

Umseie mich mit Zauberdunst,
Daß walten kann mein Wille,
Und halte mich in Schutz und Gunst,
Gutfreund, ich schweige stille.
Nimm zu, mein Glück!

Der Blumenstrauß.

Woher der schöne Blumenstrauß?
Wer bracht' ihn mir daher ins Haus?
So maienduftig, morgenfrisch
Schaut er mich an vom Eichentisch,
Als wär' ihm aufgetragen,
Viel Liebes mir zu sagen.

Violen, Nelken und Levkoyn,
Wollt mich mit eurem Duft erfreun,
Und ihr zwei Röslein saget mir:
In wessen Garten wuchset ihr?
Wem hab' ich zu verdanken
Auch euch, ihr Epheuranken?

Ein Fädlein fein und goldig klar, —
Doch nein! das ist ein blondes Haar,
Und Eine nur hat's gar so lang,
Wie sie's um euch, ihr Blumen, schlang;
Sie hat ihr Herz gewendet,
Sie ist es, die euch sendet.

Zum Reien.

Es grünet die Heide,
Es laubt sich der Wald,
Ihr stolzen Maide,
Kommet ihr bald?
Die Quellen springen,
Die Bäche sprühn,
Die Böglein singen,
Die Blumen blühn,
Und Alles locket im Freien,
Daß Knaben und Maide sich reien.

Es stehen zwölf Linden
In einem Kranz,
Da könnt ihr mich finden,
Da spiel' ich zum Tanz.
Ich habe geladen
Den lustigen Mai,
Auf sonnigen Pfaden
Kommt er herbei,
Mit seinen fröhlichen Gaben
Will er uns letzen und laben.

Zwei Burschen führen
Ein Mägdelein,
Zwei Jungfern küren
Sich Einen allein.
So wandelt zu Dreien
Ihr wohlgemuth,
Und Blüthen schneien
Auf Schapel und Hut
Im Baumgang von den Zweigen
Bis hin zu des Waldes Schweigen.

Da wartet am Saume
Der Spielmann schon
Und lehnet am Baume
Und stimmet den Ton.
Nun singet und springet,
Vortänzer voran!
Ihr Mädchen umschlinget
Den liebsten Mann,
Nur rath' ich euch in Güte,
Daß Jed' ihr Kränzlein hüte!

Vogelfrei.

Vogelfrei und sorgenlos
Treib' ich mich durch's Weite,
Und die Welt, die Welt ist groß
In der Läng' und Breite.

Wo kein Weg und wo kein Steg,
Weiß ich mich zu finden,
Grade zu geht's oder schräg,
Flott in allen Winden.

Wo ich geh' und wo ich steh',
Kann ich selig werden,
Denn nach meinem Wohl und Weh
Fragt kein Mensch auf Erden.

Meinen Waizen seh' ich blühn
Auch im kleinsten Städtchen,
Mir sind alle Wirthe grün
Und nicht gram die Mädchen.

Kann ich nur ein lustig Lied
Singen oder geigen,
Wird auch sonder Unterschied
Alles mir zu eigen.

Hier ein Kännlein, dort ein Kuß,
Schlafen oder Zechen,
Und in allem Überfluß
Brauch' ich nichts zu blechen.

Leicht Gepäck und leichten Schritt,
Leichten Sinn auch hab' ich,
Manch ein Herzchen nehm' ich mit,
Und von dannen trab' ich.

Um kein ungelegtes Ei
Kümmr' ich mich daneben,
Sorgenlos und vogelfrei,
Das ist Spielmannsleben.

Zu den Kindern.

Nun stellt euch auf, ihr Kinderlein,
Je zwei und zwei zu Paaren,
Mägdlein und Buben, groß und klein,
Wir wolln zu Holze fahren.

Da will ich euch im grünen Haus
Die schönsten Spiele lehren,
Wir pflücken Blumen uns zum Strauß
Und suchen Pilz' und Beeren.

Die Vögel zeig' ich euch im Busch,
Und wie sich jeder nennet,
Auf daß ihr ihn in Hupf und Husch
Gleich an den Federn kennet.

Und wie er singt und wie er spricht,
Wie er sein Weibchen locket,
Und wo sich das sein Nestlein flicht
Und auf den Eiern hocket.

Ich lehr' euch Pfeifen schnitzen auch
Von Schilf und Rohr und Weide
Und allerlei vom Waidmannsbrauch
Auf Pirschgang und Gejeide.

Kommt nur, und wenn ihr tanzen wollt,
So streich' ich auch die Fiedel
Und sing' euch, wenn ihr ausgetollt,
Ein nagelneues Liedel.

Je länger je lieber.

Je länger je lieber sitz' ich beim Wein
Scherzend mit guten Gesellen,
Je länger je lieber schenk' ich mir ein
Stürzend die goldigen Wellen.
Was wir uns füllen, das trinken wir aus,
Seßhaft und brüderlich halten wir Haus
So je länger je lieber.

Je länger je lieber schling' ich den Arm
Lachend um's herzige Liebchen,
Je länger je lieber drück' ich es warm
Kosend im traulichen Stübchen.
Einer im Anderen selig versenkt
Rasten wir raunend, was Jeder sich denkt,
Und je länger je lieber.

Je länger je lieber schweif' ich herum,
Überall fröhlich zu grasen,
Je länger je lieber, stets willekumm,
Treib' ich mein Singen und Blasen.
Wie mich das Leben auch zwicket und zwackt,
Halt' ich's doch an den vier Zipfeln gepackt
Ach! je länger je lieber.

Mitgefangen, mitgehangen.

Hab' ich Schritte nicht vernommen?
Hinterm Busche regt es sich, —
Mägdlein, du?! ei Gottwillkommen!
Endlich also hab' ich dich!

Bin dir manchmal nachgeschlichen,
Traf doch nimmer dich allein,
Bist mir schüchtern ausgewichen
Oder riegeltest dich ein.

Hier auf meinem Vogelherde
Bist du mir ins Garn geschwirrt,
Draus ich erst dich lösen werde,
Wenn ich, Böglein, dich gekirrt.

Sehen will ich jetzt und hören,
Ob du mich denn gar nicht liebst,
Brauchst mir keine Treu zu schwören,
Wenn du mir dein Herzchen giebst.

Aber Federn mußt du lassen,
Kommst davon nicht ungerupft,
Nicht umsonst hier aufzupassen
Bin ins Hüttlein ich geschlupft.

Mitgefangen, mitgehangen,
Da hilft Flattern nicht und Flehn,
Manchen, die im Wald hier sprangen,
Wußt' ich's Hälslein umzudrehn.

Wirst wohl auch dran glauben müssen,
Bist ja heut mein bester Zug,
Oder aber mußt mich küssen,
Bis ich sag': es ist genug.

Doch ich zweifle, daß ich's sage,
Wenn mich so dein Arm umschlingt
Und dein Mund auf meine Frage
Mir so süße Antwort singt.

Verhör.

Warum willst du's nicht eingestehn?
Ich kann dir's von den Augen sehn,
Daß sich dein Herz mir neiget.
Und thust du noch so fremd und kalt,
Die Liebe hat so viel Gewalt,
Daß sie sich balde zeiget.

Wie gerne wär' ich dein Gesponst!
Nach keiner Andern schau' ich sonst,
Will dich auf Händen tragen.
Was sagst du da? du traust mir nicht?
Bin ich denn solch ein Bösewicht,
Mit dem es nicht zu wagen?

Die Liese? was geht die mich an?
Ist's darum, weil ich dann und wann
Im Reigen sie geschwungen?
Wo ich gewesen vor'ge Nacht?
Vor deiner Thür hab' ich gewacht,
Hab' Keiner was gesungen.

Ich küßte manchmal die Sofie?
Na, aber selten! beinah nie,
Wär' sie nicht drauf versessen.
Und das Vergißmeinnicht am Hut,
Das hätt' ich von der Elsemut?
Kann sein; ich hab's vergessen.

Richilde? das ist lange her!
War auch nur so von ungefähr;
Erst Freitag? in der Lauben?
Und was die Racke von mir spricht?
Wirst doch der alten Here nicht
Auf's Wort gleich Alles glauben?

Ich sag' dir's ja: du bist mein Schatz,
Du hast bei mir den ersten Platz,
Ja ja, das will ich meinen!
Du lächelst schon, sieh, das ist brav!
Nur nicht so ängstlich! schau, der traf!
Geschwind, geschwind noch einen!

—————•—————

Waldharfen.

Ein leises, fernes Rauschen klingt
Vom Bergeshaupt hernieder,
Und wie es schwillt und näher dringt,
Vernehm' ich Wipfellieder.

Waldharfen viele tausend stehn
Festwurzelnd am Gelände,
Die schlägt der Wind, darüber gehn
Läßt er die starken Hände.

Es säuselt und es saust und tönt,
Kommt hoch daher gezogen,
Der ganze Bergwald braust und dröhnt
Und schwingt in grünen Wogen.

Wie Wolkenflug vorüber wallt
Das Schauern in den Zweigen,
Bis es dahin stirbt und verhallt
In Flüsterhauch und Schweigen.

Ja, Vöglein, wer da singen mag!
Wir kleinen Spielleut lauschen,
Wenn von des großen Griff und Schlag
Waldharfen um uns rauschen.

Waldbächlein.

Waldbächlein schlüpft um Busch und Stein
Mit seinen krausen Wellen,
Und blinkeblanker Silberschein
Blitzt auf den spiegelhellen.

Klar ist wie Luft bis auf den Grund
Das schlängelnde Geriefel,
Es schleift und schmeichelt kugelrund
Die flink umtanzten Kiesel.

Es summt und klingt und klimpert just,
Wie wenn man Saiten stimmet,
Und Well' auf Well' in Wanderlust
Mit leisem Singsang schwimmet.

Waldbächlein ohne Rast und Ruh,
Ich bin ja dein Geselle,
Ich sing' und wandere wie du,
Bleib' auch nicht auf der Stelle.

Wir dürfen beid' im raschen Gang
Die Blumen kaum berühren
Und sollen sie mit Sang und Klang
Vom Ufer nicht entführen.

Doch mit dir nimmst du Blüth' und Laub
In deinem Sprung, dem kühnen,
O Waldbächlein, wie manchen Raub
Hat Unsereins zu sühnen!

Um dies und das.

Ich zieh', wohin um dies und das
Mein Fuß zum Schritt sich hebet,
Und schneide mir das Tuch zu Paß,
Das mir die Glücksfrau webet.
Wie auch auf breiter Lebensfluth
Mich Wind und Wellen wiegen,
Ein echtes, rechtes Spielmannsblut
Läßt sich nicht unterkriegen.

Mir graut vor keiner Kreatur,
Mich stellt nicht Narr noch Weiser,
Als über mir eracht' ich nur
Den Herrgott und den Kaiser.
Noth und Gefahren biet' ich Trutz,
Verlache Gram und Sorgen,
Und war das Heute mir nichts nutz,
Vertröst' ich mich auf's Morgen.

Was ichtens keck und fitzenfei
Zu Aventiuren leitet,
Reizt mich allstunds, wenn mich dabei
Der Teufel auch mal reitet.
Ich lieb' es nun, in Ernst und Scherz
Verwegenstes zu wagen,
So lang' mein lustig Spielmannsherz
Die Güte hat zu schlagen.

Die Hexen.

Ich trag' am Hut einen Schlangenkopf,
Mariäverkünd'gung gespießet,
Da seh' ich den Watschelfuß und den Kropf,
Und was sonst die Leute verdrießet.
So kenn' ich Alle, die Hexen sind,
Wie fromm auch zur Kirche sie schreiten
Und auf Gabeln und Besen in Wetter und Wind
Walpurgis zum Blocksberg reiten.

Sie kommen zusammen zum ketzrischen Amt
Aus ihren räuchrigen Nestern
Und tanzen um's Opfer, zum Feuer verdammt,
Mit zugeflogenen Schwestern.
Sie rühren den Kessel und brauen den Sud
Und laden den Teufel zu Tische,
Da sitzt der Alp und der Mar und die Trud
In Mitten der Flederwische.

Und Eine weiß ich, die ist und bleibt
Die Schlimmste vom ganzen Packe,
Die nächtens am Kreuzweg hockt und kleibt,
Die alte Windhexe, die Racke.
Nehmt euch in Acht vor dem schelen Blick,
Sie steckt voll Bosheit und Tücke,
Ich seh' es, sie hat die Fratz im Genick
Und beschreit euch den Weg zum Glücke.

Der graue Gesell.

Hat sich ein Kerl an mich gehängt,
Der gar nicht los zu werden,
Auf Schritt und Tritt sich zu mir drängt
Mit äffenden Geberden.
Er hat mit mir stets einen Weg,
Ist auch kein Mädchenhasser,
Doch geht es über schmalen Steg,
Fällt lautlos er ins Wasser.

Ist ein geschmeidiger Gesell
In dunkelgrauem Kleide,
Leichtfüßig und gedankenschnell
Und thut mir nichts zu Leide.
Er treibt sich rings um mich herum
Und setzt sich mit mir nieder,
Wenn ich ihn grüße, dankt er stumm,
Droh' ich ihm, droht er wieder.

Im Vollmond und im Sonnenschein
Kommt er, wo ich mich zeige,
Ein Spielmann aber muß er sein,
Oft seh' ich seine Geige.
Hat auch den echten Spielmannszug,
Den freudigen, gelenken,
Hebt stets mit mir zugleich den Krug
Und winkt mit mir dem Schenken.

Gut scheint er mit dem Wirth zu stehn,
Der muß mit Kreide malen,
Denn trinken hab' ich ihn wohl sehn,
Allein noch niemals zahlen.
Das ist nun zwar das Schlimmste nicht,
Was ich ihm schelten müßte,
Wenn ich nur von dem grauen Wicht
Sonst noch was Gutes wüßte.

Graues Haar.

Die Wangen wie Rosen, und Schnee im Haar,
O Mädchen, das steht dir wunderbar!
Ich glaube gar,
Du färbst dir Flechten und Zöpfe
Und verrückest damit uns die Köpfe.

Du bist noch so jung, so frisch und gesund,
Jede Bewegung giebt es kund
Und dein rother Mund.
Mit deinen blühenden Zügen
Strafest dein Haar du Lügen.

In deinen Augen die Schelmerei,
Bei deinem Lachen der Grübchen zwei!
Und doch sag' ich frei:
Mehr hat, als die Rosenwangen,
Dein graues Haar mich gefangen.

Geküßt.

Was wehrst du dich und sträubst dich groß?
Ich halte dich fest umwunden
Und lasse dich nicht eher los,
Als bis ich dein Mäulchen gefunden.

In Fesseln meine Linke schlug
Die Händchen dir auf dem Rücken,
Mein Arm hat dabei Kraft genug,
Dich an die Brust zu drücken.

Die Rechte nun umspannt dein Kinn,
Du wirst's wohl dulden müssen,
So wahr ich Hunold Singuf bin,
Mädel, es kommt zum Küssen!

Siehst du, wie folgsam du dich schmiegst?!
Die Angst war zu betäuben!
Wenn du nun einen Schnurrbart kriegst,
So kommt das nur vom Sträuben.

Verschmäht?

Verschmäht, verhöhnt und ausgelacht
Der allbeliebte Sänger?
Du trotzig Ding, nimm dich in Acht!
Ich bin der Rattenfänger!

Dicht vor der Nase hast du mir
Die Thüre zugeschlagen,
Was fällt dir ein, vor Andern hier
Den Kopf so hoch zu tragen?

Liebäugelnd lockst du, Neckemaid!
Hold lächeln deine Grüße,
Und zierlich zeigst du unterm Kleid
Die kleinen, schmalen Füße.

Zweideutig Wort verhieß mir Viel,
Dein Blick ließ Manches lesen,
Und das wär' einer Laune Spiel
Mit mir, mit mir gewesen?

Ich sing mit Köder und Schalmei
Schon Ratz und Maus im Dunkeln
Und weiß auch sonst noch Mancherlei
Zu murmeln und zu munkeln.

Mit dir nehm' ich es auch noch auf,
Bist klüger nicht als Alle,
List gegen List! verlaß dich drauf,
Gehst auch noch in die Falle!

Der schlechte Wirth.

Bekomm' es dir schlecht, du knausriger Wirth,
Wie du mir die Lieder vergolten!
Wenn wieder bei dir eine Saite schwirrt,
So werd' ich ein Prahlhans gescholten!
Meinst, die paar Pfennige machen mich froh,
Die karge Kost und das Lager von Stroh?
Aufspielen mußt' ich und geigen
Und soll dir noch danken und schweigen?

Ich bring' es herum, den Geiz und die Gier,
Damit es dich boße, dich kränke,
Du schenktest so hoch im Bogen das Bier,
Es gab mehr Schaum, als Getränke.
Ich hab' auch gesehen, wie du gewinkt,
Geschüttelt und mit den Augen geplinkt,
Als Kathi mir füllen wollte
Das Krüglein und es nicht sollte.

Dafür hab' ich dir dein Wirthshausschild
Verhext und verwunschen aus Rache,
Daß jeden Fremden das blecherne Schild
Angrinst wie ein grimmiger Drache.
Du wirst noch erfahren, wie wenig es frommt,
Wenn dürstend der Spielmann im Hause verkommt,
Und daß deiner schäbigen Schenke
Ich nur im Bösen gedenke!

Traumdeutung.

Auf einem Baume nieder
Ließ sich ein Vögelein,
Bunt war es von Gefieder,
Sang süße Melodei'n.
Da wurde flugs zu Golde
Am Baume jedes Blatt,
Daß dich der Glanz, du Holde,
Beinah geblendet hat.

Dann von des Astes Gabel
Schwang sich zu dir im Flug
Der Vogel, und im Schnabel
Er eine Blume trug.
Die war so roth wie keine
Du jemals noch entdeckt,
Du hast die wunderseine
Dir an die Brust gesteckt. —

Den Traum dir auszulegen
Däucht mir nicht allzuschwer:
Es kommt auf weiten Wegen
Ein Sänger fremd daher;
Der läßt bei dir sich nieder
Und singt, du glaubst es kaum,
Dir soviel goldne Lieder,
Als Blätter sind am Baum.

Die rothe Blum' im Schnabel,
Das ist der Liebe Gluth,
Die nach des Traumes Fabel
Am Herzen dir geruht.
Von dem, der sie erlistet,
Vom Vogel, weitgereist,
Glaub' ich, daß er hier nistet
Und Vogel Singuf heißt.

Mausehochzeit.

Bei Mausmanns sollte Hochzeit sein,
Sie rüsteten schon zum Feste,
Schon huschten im Dämmer zum Keller herein
Viel trauliche, grauliche Gäste.

Was Mausezahn nur nagt und nascht,
Lag aufgehäuft zum Schmause,
Zusammengeschleppt, herbeigepascht
Aus allen Schränken im Hause.

Sie witterten's aus und schnupperten dran
Und reihten sich rings zum Kränzchen,
Freßmuthig setzte sich Jedermann
Auf's zierlich geringelte Schwänzchen.

Die Äuglein funkelten her und hin,
Sie glätteten sich das Fellchen
Und spitzten das Öhrchen zur Nachbarin,
Dem allerliebsten Mamsellchen.

Die Jungfer Braut war reich an Gut,
Der Bräutigam hochgeboren,
Vom obersten Boden stammte die Brut,
Der Urahn schon trug Sporen.

Mausmutter hatte den Ehrenplatz,
Saß neben dem Schwiegersohne
Und neben des Junkers niedlichem Schatz
Der fettste der Mausbarone.

Der Gnädigen wurde mit Wehmuth gedacht,
Sie war ihnen unvergessen,
Nur leider in einer Vollmondnacht
Vom Kater des Hauses gefressen.

Mausvater gab seinen besten Wein
In halben Haselnußschalen
Und lud die Gäste zum Trinken ein,
Mit seinem Keller zu prahlen.

Da ward es mäuschenstill umher,
Sie knusperten nur und schmeckten,
Bis Alle satt nach des Schmausens Begehr
Die Vorderpfötlein sich leckten.

Dann tanzten sie munter, daß Mäusrig und Maus
Das Herzchen im Leibe hüpfte
Und in dem Gewimmel sich beim Kehraus
Manch zärtlich Verhältniß knüpfte.

Dann hat mit Gesang die ganze Schaar
Die Neuvermählten geleitet,
Wo unter dem Mehlfaß dem glücklichen Paar
Das mäusliche Heim sie bereitet.

Und endlich nahmen sie Abschied doch
Mit Zirpen und Trippeln und Tänzeln,
Und Jeder kroch in sein Mauseloch
Mit Taumeln und Schlängeln und Schwänzeln.

Doch unter dem Mehlfaß warm verpackt,
Drei Wochen nach jenem Feste,
Da kribbelten, krabbelten splitternackt
Acht kleine kleine Mäuslein im Neste.

Des Tages will ich denken.

Des Tages will ich denken,
Da ich zuerst dich sah,
Tief in die Brust versenken,
Wie mir dabei geschah.

Als hätte zu ihrem Ruhme
Die Welt sich neu geschmückt
Mit einer Wunderblume,
Die noch kein Mensch gepflückt.

So war ich schier betroffen
Von deiner Schönheit Glanz,
Ich trug mein stolzes Hoffen
Wie einen Siegeskranz.

Die Eine oder Keine!
So rief's im Augenblick,
Und nun bist du die Meine,
Und mein sind Ruhm und Glück.

Ich lasse die Augen wanken.

Ich lasse die Augen wanken
Nach dir wohl aus und ein,
Ich küsse dich oft in Gedanken,
Herzallerliebste mein!

Ich mache manche Meile,
Bei der mein Schritt nicht klingt,
Ich schreibe manche Zeile,
Die dir kein Bote bringt.

Die Blumen möcht' ich fragen:
Was blüht ihr hier am Weg?
Zu dir möcht' ich sie tragen
Auch über den schmalsten Steg.

Dem Wind bestell' ich Grüße
Und Wünsche dem Abendstern,
Sehnsucht hat hundert Füße
Und bleibt doch ewig fern.

Gescheut, gereut, gefreut.

Was ich im Leben am meisten gescheut?
Verdrießliche Launen, ein brummig Gesicht,
Gemischtes, gemanschtes Getränke,
Langweiligen, nüchternen, neidischen Wicht
Und eine verschlossene Schenke.
Das sagt' ich schon immer und sag' es noch heut,
Das hab' ich im Leben am meisten gescheut.

Was mich im Leben am meisten gereut?
Verlorener Tag und vertrödelte Zeit,
In Hoffen und Harren verträumet,
Und günstigen Glückes Gelegenheit
Mit Zaudern und Zagen versäumet.
Das sagt' ich schon immer und sag' es noch heut,
Das hat mich im Leben am meisten gereut.

Was mich im Leben am meisten gefreut?
Ein Lachen, ein Kosen, ein minniger Kuß,
Ein Trinken mit guten Gesellen
Und außerdem jeglicher Brauch und Genuß,
Der's Herz macht schlagen und schwellen.
Das sagt' ich schon immer und sag' es noch heut,
Das hat mich im Leben am meisten gefreut.

Waldvöglein wird ausgefragt.

Waldvöglein, sage doch einmal:
Was sahst du von den Beiden,
Die sich hier trafen im grünen Thal?
Mögen sie sich wohl leiden?

Sie gingen zusammen Hand in Hand
Und blickten sich an voll Liebe
Und sagten, wenn ich sie recht verstand:
Ach, daß es doch immer so bliebe!

Doch haben sie sich denn nicht geküßt
Und sich mit Armen umschlungen?
Ich meine, wenn Einer es wissen müßt,
Wärst du's, der sie umsprungen.

Ja freilich! ich sah sie im Geheg
Sich auch zu Küssen vermählen,
Mehr waren's, als ich Eier leg',
Und drüber kann ich nicht zählen.

Und weiter hast du nichts gesehn?
Sie saßen im Moos nicht nieder?
Mir kannst du's im Vertrau'n gestehn,
Ich sag' es Keinem wieder.

Ei du neugier'ger Fiedelmann!
Denkst wohl, du hast mich am Zipfel?
Mit Horchen kommst du bei mir schlecht an,
Ich schwinge mich auf zum Wipfel.

Die Spröde.

Sie zieht mich wahrhaftig am Narrenseil
Herauf und herab die Wege,
Wohin auch bei Tag und nächtlicher Weil'
Ich immer auf Lauer mich lege.
Bald zeigt sie mir ein freundlich Gesicht,
Bald fragt sie, ob mich der Haber sticht,
Und immer ein schnippisches Nein!
Da hole der Teufel das Frei'n!

Ich habe nach ihr mir den Hals verrenkt
Und bin durch die Hecke gekrochen,
Ich hab' ihr Bänder und Borten geschenkt
Und was nicht noch Alles versprochen!
Sie dankt mir kaum, als müßt' es sein,
Und lacht mich aus noch obenein,
Und frag' ich: was krieg' denn ich?
Heißt's neckisch: wart' auf mich!

Das Warten hab' ich nun bald gelernt
Und Abends vor dem Thore
Auf jedes Geräusch, nah und entfernt,
Gehorcht mit dem einen Ohre.
Ich sah, wie im Dämmer die Schnepfe strich,
Der Marder bäumte, der Igel schlich,
Mir bebten manchmal die Knie,
Wer aber nicht kam, war sie.

Was fang' ich nun an mit der Wetterdirn,
Der so lang' ich schon nachgelaufen?
Ich weiß kein Mittel mehr, sie zu kirrn,
Die Haare möcht' ich mir raufen.
Halt! nicht beim Wege mehr seh' ich sie an,
Vielleicht von selber kommt sie mir dann.
Doch wenn sie's nun ebenso macht?
Was dann? ja dann gut Nacht!

Gießt voll den Becher!

Ruck' hin, Gesindlein, auf der Bank
Am wohlbekannten Tische,
Daß ich von eurem Lautertrank
Mein Theilchen noch erwische.
Gießt voll den Becher, immer voll!
Hallo! ich thu' ihn schwenken,
Und weß das Herz mir überschwoll,
Deß will ich wohl gedenken.

Freiheit, dir gilt der erste Hieb!
Freiheit auf allen Wegen,
's ist wonnesam und wunderlieb,
Wenn sich der Mensch kann regen.
Losledig fahr' ich ohne Zoll,
Laß' mich von Niemand lenken,
Gießt voll den Becher, immer voll!
Hallo! ich thu' ihn schwenken.

Sodann dem Kaiser und dem Reich
Ist fördersamst zu dienen
Mit gradem Stoß und krummem Streich
Auf Feindes Schild und Schienen.
Des Türken Grimm, der Pfaffen Groll
Wolln wir kein Gnade schenken,
Gießt voll den Becher, immer voll!
Hallo! ich thu' ihn schwenken.

Herwiederumb in Ehren sein
Sei fröhlich Eins gesungen
Den Frauen und den Mägdelein,
Fürnehmlich schönen, jungen;
In ihre Minne glückhaft soll
Sich Männiglich versenken,
Gießt voll den Becher, immer voll!
Hallo! ich thu' ihn schwenken.

Trinkt aus! trinkt immer und allweg,
Das Fäßlein rinnt schon trüber,
Denk' Keiner an den Wackelsteg,
Wir kommen schon danüber,
Und wer nicht Strich hält voll und toll,
Der geh' und laß sich henken!
Gießt voll den Becher, übervoll!
Halloho! ich thu' ihn schwenken.

Spielmannsgrab.

Als ich zujüngst durch Franken fuhr,
Sah ich auf meinen Wegen
Dort über eines Dörfleins Flur
Hoch einen Friedhof gelegen.
Und als ich auf dem Berge stand,
Um freien Blick zu haben,
Sprach ich bei dem, was ich da fand:
Hier liegt ein Spielmann begraben.

Ein Stein, gar ungefüg und schwer,
Ist auf das Grab geleget,
Doch Keiner lebt von Allen mehr,
Die's treulich einst gepfleget.
Wenn ihr dort je vorüber zogt,
Saht ihr in sanfter Neige
Drauf stehn: „Hier ruht der Fiedelvogt!"
Und Jahreszahl und Geige.

Wer hörte nicht schon immerdar
Vom alten Fiedeläre!
Von ihm, der ein Geselle war
Des edlen Tannhusäre,
Der allen Fahrenden im Reich
Ein Führer war der Geister,
In Ansehn einem König gleich
Und in der Kunst ein Meister.

Nun schlief er siebzig Jahre hier, —
Zum Wald sprang ich geschwinde
Und grub mit ihrer Wurzel mir
Dort eine junge Linde.
Die pflanzt' ich ihm zu Häupten ein,
Die sollt' ihn bald beschatten,
Damit die kleinen Vögelein
Dort Platz zum Singen hatten.

Auf seinen Stein dann setzt' ich mich,
Blieb lang in tiefem Schweigen,
Dann aber fiedelt' ich und strich
Ihm einen lustigen Reigen.
Fröhliche Urständ, Fiedelvogt!
Rief ich beim Weiterwandern,
Ihr Lindenzweige, wachst und wogt,
Ein Spielmann grüßt den andern!

Nichts Anderes.

Sage, du Findling, was möchtest du sein?
Kaiser und König im Lande? —
Der muß mit Fürsten und Völkern sich schlagen,
Ritter und Räuber bereiten ihm Klagen,
Kronen sind güldene Bande,
Drücken gar tief in die Stirne sich ein,
Möchte nicht Kaiser noch König sein.

Aber als Pfäfflein, als rundlicher Abt
Still und behäbig zu wohnen? —
Ach! in dem Kloster die mönchische Zucht,
Schon vor den Fasten ergriff' ich die Flucht,
Hab' auch an Primen und Nonen
Alle mein Lebtag kein Freude gehabt,
Tauge zum Bischof nicht oder zum Abt.

Nun denn ein Reiter auf springendem Roß
Keck in Getümmel und Streite? —
Nein, auch kein Reiter, bin besser zu Fuß.
Auch nicht ein Waidmann mit waidlichem Gruß? —
Geh mir! ich trag' an der Seite
Anderen Bogen und ander Geschoß,
Reiter und Jäger gehören zum Troß.

Bin ich nicht Singuf, ein König allein?
Stolzer und freier als alle?
Sträußchen am Wams und Feder am Hut,
Fiedel und Liedel mein einziges Gut,
Sag' ich und sing' ich mit Schalle:
Titel und Würden sind Vielen gemein,
Singuf kann immer nur Singuf sein!

Die weiße Rose.

Um eine Rose bat ich dich,
Du giebst mir eine weiße;
Hast keine rothe du für mich,
Daß sie mir Glück verheiße?

Die weiße schaut so nonnenbleich,
So kalt im Schneegewande,
Vor ihrem Bild verläuft sogleich
Die Hoffnung sich im Sande.

Die Liebe, Mädchen, die ist roth,
Roth wie das Blut im Herzen,
Und ob von Dornen auch umdroht,
Sie achtet nicht der Schmerzen.

Wie deine Rose keusch und kalt
Trittst du mir selbst entgegen,
Die minneselige Gewalt
Will sich in dir nicht regen.

So bleibe denn in Unschuld weiß
Wie deine stolze Blume
Und hüte deiner Tugend Preis
Mit unbestrittnem Ruhme.

Ich gehe hin, wo Herzen glühn,
Von Liebeslust umfangen,
Und rothe Rosen für mich blühn
Auf Lippen und auf Wangen.

Lammfromm.

Zu heiß mein Kuß? zu stürmisch mein Muth?
Zu wild wär' ich in meiner Gluth?
Und in Kniffen und Schlichen geübet?
Da bin ich verleumdet bis über den Kamm,
O Liebchen! ich bin ja so fromm wie ein Lamm,
Das niemals ein Wässerlein trübet.

Ich bin dir blöde wie ein Kind
Und schüchtern wie der Abendwind,
Der über Blumen streichet;
Ich bin wie Wachs in deiner Hand,
Nachgiebig wie der lockre Sand,
Der auf der Düne bleichet.

Ermunterung ist es, was ich bedarf,
Zureden mußt du mir zärtlich und scharf,
Sonst wag' ich mich nicht an dein Mündchen.
Damit du mal recht in die Lehre mich nimmst,
Vermein' ich, daß du mir dazu bestimmst
Recht bald ein verschwiegenes Stündchen.

Nichts zu holen.

Erbarm' sich Gott! wie hat dies Land
Sich gar so schwer versündigt,
Daß sich an seinem Jungfernstand
Des Himmels Zorn verkündigt?
Schon zieh' ich im vierten Tageslicht
Durch Höfe, Dörfer und Gassen,
Und nirgend hat sich ein hübsch Gesicht
Von fern nur blicken lassen.

Ich habe gefiedelt, gesungen, gelockt,
Da kamen sie an die Thüren
Und standen und stierten wie angepflockt,
Ich mochte kein Schätzchen mir küren.
Sie waren nicht frisch, nicht drall und nicht schlank,
Nicht froh und nicht flink auf den Füßen, —
Ei Mädels, bestellt euren Müttern den Dank,
Und Singuf ließe sie grüßen!

Fünf Tage lang keinen einzigen Kuß,
Kein lustiges Lachen und Nicken,
Da muß Einem ja vor Gram und Verdruß
Der Ton in der Kehlen ersticken.
Rasch blase mich weiter, du Sausewind!
Ich mache mich auf die Sohlen,
Wo keine hübschen Mädchen sind,
Ist nichts für mich zu holen.

Liebchen Geige.

Die ich für's Leben mir gewählt,
Ist eine kleine Braune,
Die Einz'ge, die mich nie gequält
Mit Eifersucht und Laune.
Sie ruht, in meinen Arm geschmiegt,
An meiner linken Wange,
Geherzt, geliebkost und gewiegt,
Lohnt sie mir mit Gesange.

Was lebt und webt in meiner Brust,
Sie weiß davon zu sagen,
Sie jubelt auf in heller Lust
Und seufzt in leisen Klagen.
Sie grollt und wettert, jauchzt und springt,
Singt lockend süße Lieder,
Und meine ganze Seele klingt
Aus ihren Saiten wieder.

Mein Geigenliebchen, komm an's Kinn
Und laß dein Stimmlein hören,
Du Lacherin, du Trösterin,
Du Zaubrin mit Beschwören!
Ich drücke dich und streichle dich
Traumselig mit dem Bogen,
Und wonnig überströmst du mich
Mit deiner Töne Wogen.

Zwei Kräutlein.

Zwei Kräutlein weiß ich dir im Wald,
Die gern zusammen leben,
Findst du das eine, siehst du bald
Das andere beineben.
Im Grün die kleinen Blüthen ruhn
Verborgen und bescheiden,
Mit ihren Kräften groß zu thun,
Das mögen sie nicht leiden.

Sind Habmichlieb, Seiwohlgemuth
Genannt von allen Leuten,
Die Namen lauten lieb und gut,
Weil Gutes sie bedeuten.
Komm mit! ich zeige dir den Ort,
Wo wir die Blümlein brechen,
Verboten aber ist's, ein Wort
Im Wald dabei zu sprechen.

Erst pflück' ich dir das Habmichlieb
Und reiche dir's mit Schweigen,
Dann bücke dich und still mir gieb
Seiwohlgemuth zu eigen.
Im Brustlatz berget Jeder seins
Und läßt es Niemand sehen,
Wir aber wissen dann mit Eins,
Wie wir zusammen stehen.

Finkenschlag und Drossellied.

Wo Drossellied und Finkenschlag
Im tiefen Wald erschallen,
Laß ich mir gern am Frühlingstag
Ein Stündlein Ruh gefallen.

Die Vöglein trauen mir von je,
Weil ich mit ihnen lebe,
Sie wissen, daß ich sie versteh
Und auch mal Antwort gebe.

Der Fink, der sitzt im Sonnenschein,
Bläst schmetternde Fanfaren,
Als schlüg' er eine Schlacht im Hain
Mit federleichten Schaaren.

Er ruft sie hier, er lenkt sie dort
Von seinem grünen Thurme,
Stößt in das Heerhorn fort und fort
Zur Schwenkung und zum Sturme.

Der Drossel holder Friedensklang
Zieht hin wie weiche Wellen,
Und lausch' ich ihrem Liebessang,
Fühl' ich das Herz mir schwellen.

Sie lockt, sie flötet und schalmeit
In wundersüßen Tönen,
Als sänge Minneseligkeit
Ein Ritter seiner Schönen.

Sie trägt ihr rabenschwarzes Kleid
Am Abend und am Morgen
Und singt das Lied von Lust und Leid
Tief im Gebüsch verborgen.

Von Jubel ist es bald getränkt,
Von Wehmuth bald durchzogen,
Ein Vogelherz ist auch gekränkt,
Wenn Liebe es betrogen.

———————

Beim Faß.

Schlagt derb auf's Faß! schlagt derb auf's Faß!
Der Spund soll aus den Dauben,
Er gönnt uns nicht das edle Naß,
So muß er denn dran glauben.
Schlagt zu! wenn auch ein Reifen springt,
Der Keller dröhnt, es hallt und klingt,
Es hallt und klingt mit ha! und mit ho!
Mit hei nanino!

Stoßt ein den Hahn! stoßt ein den Hahn!
Und fröhlich angestochen!
Wie bald ist so ein Tag verthan,
Der doch mal angebrochen.
Jetzt scheint die liebe Sonne noch,
Bald lacht der Mond durch's Kellerloch,
Durch's Kellerloch mit ha! und mit ho!
Mit hei nanino!

Die Krüge her! die Krüge her!
Mit Deckeln blank verzinnet,
Und Keiner komm' uns in die Quer,
Wo solch ein Bächlein rinnet!
Nun fanget an mit Saus und Braus,
Wir treiben hier den Teufel aus,
Den Teufel aus mit ha! und mit ho!
Mit hei nanino!

Lieb Brüderlein! lieb Brüderlein!
Was machst du mir für Augen?
Wohl werth ist solch ein Fässelein,
Daß Sieben daran saugen.
Und wer noch steht auf einem Bein,
Wenn's leer ist, der soll König sein,
Soll König sein mit ha! und mit ho!
Mit hei nanino!

———————

Anglersünde.

Laß mich zu deinen Füßen
Mein Glück und meine Schuld,
Du schönes Mädchen, büßen
Und nimm mich auf in Huld!
Vor deines Unmuths Schmollen
Fühl' ich in mir die Hölle grollen.

Beim Angeln an der Stelle
Hatt' ich mir nicht gedacht,
Welch' eine Waldforelle
Das Wässerlein in Pacht.
Die Sünde sühn' ich theuer
In deiner Blicke Fegefeuer.

Gesehn heißt nicht gefangen,
Doch, daß ein Angler blind,
Das kannst du nicht verlangen!
Drum lächle nur geschwind
Und öffne mit Erbarmen
Den Himmel mir in deinen Armen.

Singuf und Springuf.

Singuf bin ich, und Springuf bist du,
Passen nicht gut wir zusammen?
Sind wir für'n ander vom Schopfe zum Schuh
Beide nicht Feuer und Flammen?
Das ist die Lust und die Kunst und der Brauch,
So wie ich pfeife, so tanzest du auch,
Wer will uns darum verdammen?

Hörst du am Wocken im heimischen Nest
Fern nur mein Singen und Klingen,
Halten dich Vater und Mutter nicht fest,
Mußt von dem Schemel doch springen.
Schürze weg, Mieder an, Blumen ins Haar,
Kommest zur Linde, zur lachenden Schaar,
Dich in dem Reigen zu schwingen.

Klatschest und wirfst in den Nacken den Kopf,
Stimmest mit ein in das Liedel,
Wiegst auf den Hüften dich, schlenkerst den Zopf,
Reichest das Händchen dem Friedel,
Drehest dich, windest dich durch unterm Arm,
Fliehest und lässest dich haschen im Schwarm
Fröhlich zum Klange der Fiedel.

Singen muß ich, und springen willst du,
Haben es mal übernommen,
Tag oder Nacht, hin und her, immer zu,
Bis daß die Sterne verglommen.
Singen und Springen macht selig und froh,
Sind doch allstunds mit juchhei und hallo
Singuf und Springuf willkommen.

Nur nicht weinen!

Trotzt und muckt, soviel ihr wollt,
Noch so wüthend scheinet,
Meinetwegen grollt und schmollt,
Wenn ihr nur nicht weinet.

Feindes Grimm macht mich nicht bleich,
Auch nicht Blutvergießen,
Doch ich werde schwach und weich,
Seh' ich Thränen fließen.

Wenig fehlt, daß mir beiher
Selbst sich Tropfen löſten,
Wenn's nicht gar zu wonnig wär',
Schluchzende zu tröſten.

Blicke schmelzen, thränenfeucht,
Brüſtlein wogt und schwillet,
Zitternd schmiegt sich und verscheucht
Eine, die man ſtillet.

Wangen heiß vom Weinen ſehn
Macht das Herz mir schlagen,
Augen, die voll Zähren ſtehn,
Kann ich nichts versagen.

Was in euch für Mächte ruhn
Über Unſereinen,
Alles, Mädchen, mögt ihr thun,
Alles, nur nicht weinen!

Kukuk.

———

Kukuk, was rufst im Wald mich an?
Was will dein lustig Schreien?
Kommt bald ein wohlgeborner Mann,
Mich aus dem Haus zu freien?
Kukuk! er soll nur kommen,
Kukuk! er wird genommen.
Kukuk!

Kukuk, wie lange dauert's noch?
Ich warte ja schon lange,
Vertraue mir's, damit ich doch
Bald an zu nähen fange.
Kukuk! den Flachs zum Linnen
Kukuk! muß ich noch spinnen.
Kukuk!

Kukuk, mir geht es von der Hand,
Wie du die Flügel schwenkest,
Ich schaffe mir das Brautgewand
Viel schneller, als du denkest.
Kukuk! du Guter, Weiser,
Kukuk! du schreist dich heiser!
Kukuk!

Kukuk, ich wollt', du schwiegest erst
Auf deinem Baum verstohlen,
Wenn du nicht selbst der Kukuk wärst,
Sollt' dich der Kukuk holen!
Kukuk! in Kukuks Namen!
Kukuk! flieg in den Samen!
Kukuk! Kukuk! Kukuk!

Ohne Gleichen.

Ich habe dir Lieder gesungen,
Ich schloß' in die Arme dich ein,
Dein Herz hab' ich bezwungen,
Im Sturme wardst du mein.

Schlummernd in ihrem Grunde
Lag deiner Seele Macht,
In unvergeßlicher Stunde
Ist fröhlich sie erwacht.

So komm, daß wir uns freuen,
So lang' wir's Leben ha'n!
Was Glück und Gnade streuen,
Soll Herz von Herz empfahn.

Stark soll die Liebe werden,
Und soll bei mein und dein
Im Himmel und auf Erden
Nicht ihres Gleichen sein.

Die Verlassene.

Wieder ist ein Tag geschieden,
Wieder dunkelt eine Nacht,
Und was athmet, ruht in Frieden
Nur die Sehnsucht wacht und wacht.

Den ich such' in aller Ferne,
Ach! er kehret nicht zurück,
Und umsonst frag' ich die Sterne:
Warum floh mein einzig Glück?

Wie ich seine ganz besessen,
Gab ich meine Seele hin,
Und ich kann es nicht ermessen,
Daß ich so verlassen bin.

Hört er niemals, wo er wandelt,
Meines Herzens lauten Schrei?
Läßt ihn Reu, wie er gehandelt,
Auch nur eine Stunde frei?

Denke nicht an Wiedersehen,
Selig, selig, wer vergißt!
Keiner kann das Leid verstehen,
Der in Liebe glücklich ist.

Daß der Tod die Hand mir böte!
Lebend ohne Hoffnung sein. — —
Dämmerst du schon, Morgenröthe?
Müdes Herz, schlaf' ein, schlaf' ein!

Handwerksburschen.

Wir werden fremd! drum gebet
Dem Herzen einen Stoß,
Nehmt Urlaub, wo ihr klebet,
Und küßt vom Schatz euch los.
Sagt, denken wolltet gerne
Ihr an den trauten Bund,
Sobald ihr in·der Ferne
Träft auch so rothen Mund.

Dann lasset auf dem Hute
Die Feder wehn im Wind
Und jaget aus dem Blute
Der Sorgen Ingesind.
Denn was noch ungedroschen
Das Schicksal uns bestimmt,
Ist wie ein böser Groschen,
Den Niemand von uns nimmt.

Die Fremde steht uns offen,
Die weite, weite Welt,
Und um ein fröhlich Hoffen
Ist's allweg gut bestellt.
Wer weiß, in welchen Pfosten
Das Glück den Nagel schlägt,
Wer weiß, für welchen Posten
Man schon die Schuhe trägt.

Ob Gürtler oder Gerber,
Ob Schmieds, ob Schneiders Kraft,
Schwertfeger oder Färber,
Wir gehn auf Wanderschaft.
Die Zunft gab aus der Lade
Ein klein Viaticum,
Ein Finger, noch so grade,
Beim Fechten wird er krumm.

Wir wollen von den Füßen
Abschütteln doch den Staub
Und wolln das Handwerk grüßen:
„Herr Meister, mit Verlaub!
Ich wollt' Euch ziemlich fragen,
Giebt's Arbeit hier zur Stell?
Mit Ehren darf ich tragen
Mein Schurzfell als Gesell."

Kommt, laßt mit jedem Schritte
Zurück ein brav Stück Land,
Nach Wanderburschensitte
Sagt Heimat, Nam' und Stand.
Nehmt Bündel oder Päckchen
Und Knotenstock und Strauß,
Und hier im Ledersäckchen,
Zehrpfennig du, halt' aus!

Die stummen Zecher.

Es kehrten drei Gesellen
In einem Wirthshaus ein
Und thäten flugs bestellen
Vom allerbesten Wein.

Doch sollte für die Zeche
Einstehn, war ausgemacht,
Wer 's erste Wörtlein spreche,
Sobald der Wein gebracht.

„Bekomm's euch wohl!" — sie nicken
Dem Wirthe stummen Dank,
Sie laben sich und blicken
Sich schweigend an beim Trank.

Sie schütteln nur die Köpfe,
Wenn sie der Schenke frägt,
Der ob der närr'schen Tröpfe
Sich mit Gedanken trägt.

Seit Noah bringt doch Jeden
Des Weines Kraft herum,
Macht singen oder reden,
Und die hier macht er stumm?

Am Ende beim Bezahlen
Giebt das ein böses Spiel,
Sie toben nicht und prahlen,
Doch trinken thun sie viel.

Er sucht sie zu erweichen
Durch List und Schelmerei,
Doch nur mit stummen Zeichen
Bedeuten ihn die Drei.

Er schleicht sich fort, zu lauschen,
Drückt an die Thür das Ohr,
Kein Wort die Zecher tauschen
Still bleibt es wie zuvor.

Die Tochter sieht sein Winken,
Gern kommt die schöne Maid:
„Grüß Gott, ihr Herrn, zum Trinken!
Wer thut mir denn Bescheid?"

„Ich!!!" — wie aus einem Munde
Klingt's dreifach unbedacht;
Erschrocken in der Runde
Sitzt Jeder da und lacht.

Dann rücken sie in Eile
Die Schemel, „Nun ist's quitt!
Jetzt geht es in drei Theile,
Komm, Mägdlein, trinke mit!"

Strauß an der Brust.

Gerlinden ihr Mieder ist kurz und liegt
Eng an, mit Schnüren gebunden,
Die Brust aber schneeiges Linnen umschmiegt,
Gebleichet in sonnigen Stunden;
Und wie es sich leise nun senkt und hebt,
Ein zierliches Sträußchen dran zittert und bebt
Mit Glöckchen, weißgelblichen, runden.

Der blühende Strauß, der wußte den Platz
Sich bei Gerlinden zu wählen,
Der weiß auch gewiß, wie sich unter dem Latz
Dort Sehnen und Sälde vermählen.
Ich neigt' ihm gerne mein einziges Ohr,
Maiglöckchen, ach! läutet und klingelt mir vor,
Was Alles ihr habt zu erzählen!

Varietas delectat.

Ihr sagt mir nach und werft mir vor,
Ich hielte keine Treue,
Und welch' ihr Herz an mich verlor,
Die fühlte balde Reue.
Was kümmert's euch, wie frank und frei
Ich mich durch's Leben schlage,
Ich haff' ein ewig Einerlei,
Die Woche hat sieben Tage.

Ich habe, wo ich Montag war,
Am Samstag schon vergessen,
Ob Eine braun, ob blond von Haar
Mir auf dem Schoß gesessen.
Gefiel' es euch, wenn immerzu
Dasselbe Stück ich spielte?
Gewiß nicht! drum laßt mich in Ruh
Und fragt nicht: die wievielte?

Denkt auch nicht etwan: Kuß ist Kuß,
All Eins wie Fastenspeise,
Es küßt, exemplis discimus,
Jedein' auf ihre Weise.
Art ist von Art oft weit entfernt,
Amor amorem spectat,
Ich hab's von einem Mönch gelernt,
Varietas delectat.

Der hölzerne Becher.

Ich hab' einen Becher von Masernholz
Mir einst mit Würfeln gewonnen,
Fehlt ander Getränk mir, trink' ich stolz
Klar Wasser daraus am Bronnen.

Ich trag' ihn im Rucksack das ganze Jahr,
Da kann ich ihn leicht mir langen,
Muß doch mal sehn, ob er nicht gar
Etwa verloren gegangen.

Hier! aber o weh! er hat einen Spalt,
Hat krumm und schief sich gezogen,
Als hätt' er statt kühlen und feuchten Gehalt
Eintrocknende Hitze gesogen.

Ein Becher, der rinnt, der ist bei mir
Im Ansehn tief gesunken,
Hab' ich denn wirklich so lang' aus dir,
Du Hölzerner, nicht getrunken?

So werf' ich ihn denn achtlos fort,
Es find' ihn ein armer Schächer,
Und besser ist's, der Becher verdorrt,
Als, der ihn nicht brauchte, der Zecher.

Verregnet.

Der Himmel grau, wie Bleigewicht
Zieht es die Wolken nieder,
Zum Regnen aber kommt es nicht,
Bald klärt es sich wohl wieder.
Doch tritt der Mond nicht vor den Riß,
Giebt's Kohlpechrabenfinsterniß, —
Mechtild kommt ganz gewiß!

Mich dünkt, ich höre Tropfenfall
Und Rauschen in den Zweigen,
Doch hat es nur so lauten Schall
Hier in dem Waldesschweigen.
Kaum lohnt sich's, daß ich unterkroch,
Rothbuchenlaub schützt lange noch, —
Mechtild kommt darum doch!

Es hört nicht auf und scheint doch mehr,
Als ein Gewitterschauer,
Schnurgrade fällt es, dicht und schwer,
Dringt durch schon auf die Dauer.
Des Abends letztes Dämmerlicht
Erlischt im Regenstrafgericht, —
Mechtild kommt doch wohl nicht!

Da schlag' das Donnerwetter drein,
Daß so was mir begegnet
Und mir mein Moosbankstelldichein
So jämmerlich verregnet!
Mit Mollen gießt es immer zu,
Vom Nacken fließt mir's in die Schuh, —
Mechtild, sitzst trocken du?

Die Lieder.

Woher die Lieder? fragt ihr mich,
Ja, weiß denn ich's, ihr Lieben?
Sie nahen ungerufen sich
Wie in die Luft geschrieben.
Sie keimen aus selbeigner Macht
Wie unsichtbare Saaten,
Nur daß in Sang und Klang gebracht,
Sie gerne sich verrathen.

Die Blumen flüstern sie mir zu
Und wildes Waldgesinde,
Ich höre sie bei guter Ruh
Im Wasser und im Winde.
Aus Mädchenaugen les' ich sie
Mit Lachen und mit Scherzen,
Aber sie kommen anders nie,
Als auf dem Wege zum Herzen.

Herzbruder mein.

Brüderlein, nimmer vergeß' ich dir das!
Weißt du noch, wie wir da saßen am Faß?
Botest die Hand mir und meintest: Schlag' ein!
Wollen zwei gute Kumpane doch sein.

Flugs bei den Ohren packt' ich dich da,
Wußtest wohl selber nicht, wie dir geschah,
Mitten in deinen Schnauzbart hinein
Küßt' ich dich schallend, Herzbruder mein!

Konnte nicht anders, mir kam das Gelüst,
Habe, kannst glauben, kein Mädel geküßt
Herziger, froher, als dich in der Nacht,
Da wir zwei beide Blutsbundschaft gemacht.

Du bist ein Spielmann! stehst wie ein Held,
Meister und Sieger auf blühendem Feld;
Daß wir Gesellen sind, machet mich stolz,
Zweierlei Fiedeln aus einerlei Holz.

Spielleute sind eine fröhliche Zunft,
Denen geht's Herz über Kopf und Vernunft,
All' unsre Weisheit, die Kraft und die Lust
Quillen und sprudeln uns frisch aus der Brust.

Top und klingklang! Herzbruder, es gilt!
Den schlag' ich todt, der uns mäkelt und schilt.
Lacht doch die Welt und freut sich dazu
Zwei solcher Kerle wie ich und wie du.

Wenn's möglich ist!

Nun sinket die Sonne, die heute so heiß,
Und wenn sie sich morgen erhoben,
Sind Alle wir, die wir hier sitzen im Kreis,
Schon in die vier Winde verstoben.
Bald sprenget die Stunde
Die trauliche Runde,
Drum wollen wir in der bemessenen Frist
Noch näher uns rücken, wenn's möglich ist.

Nur spreche mir Keiner ein trauriges Wort
Und rede von Scheiden und Meiden,
Damit wir uns nicht den vergnüglichen Ort
Mit Trennungsgedanken verleiden.
So frei wir uns gaben,
So lieb wir uns haben,
Wir wollen, daß Keiner den Andern vergißt,
Noch lieber uns haben, wenn's möglich ist.

Geselle du rechts und du Mägdelein links,
Stoßt an! wir sehen uns wieder!
Bewahrt es im Herzen und denket des Winks,
Ich flecht' in den Kranz euch der Lieder.
Wir halten uns heute,
Wir balde Zerstreute,
Und werden, wo Glück einst die Wimpel uns hißt,
Noch fester uns halten, wenn's möglich ist.

Mißmuth.

Ich saß im Wald auf Gras und Moos,
Die Fiedel lag mir auf dem Schoß
Und in den Blumen der Bogen.
Ich war so mutterseelen allein
Und ausgebeutelt obenein,
Und Lieb' und Lust verflogen.

Mir ging da Manches durch den Sinn,
Sacht auf den Saiten fuhren hin
Die Finger mit Knipsen und Klimpern.
Kaum hört' ich's, weil ich Grillen fing,
Weiß Gott! ich glaube gar, es hing
Mir etwas an den Wimpern.

So mißmuth zu allem Thun
Stak ich noch nirgend in den Schuh'n
Und bin ein Weitgereister.
Mein Marschalk hieß Herr Ungemach,
Mein Mundschenk Bücke dich zum Bach,
Schmalhans mein Küchenmeister.

Tags drauf beim Wirth zum Rautenkranz
War Hochzeit, Schmaus und Jungferntanz,
Da gab es was zu geigen.
Die Dirnen lachten, kein Krug blieb leer,
Straff ward der Beutel, der Ranzen schwer,
Und die Welt war wieder mein eigen.

Wo ich mich zeige.

Wo ich mich zeige
Mit meiner Geige,
Hab' ich nimmer Rast und Ruh,
Aus der Schenke ruft mir's zu:
Heilo, Hunold! Hunold, hier!
Hunold, komm! setz' dich zu mir!
Hunold, lieber Hunold!

Laß ich zum Streichen
Mich dann erweichen,
Rückt die Tische man zur Wand,
Dirnen sind im Nu zur Hand, —
Hunold fiedelt! dran und drauf!
Hunold, höre noch nicht auf!
Hunold, lieber Hunold!

Nach ihrem Springen
Muß ich noch singen;
Hätt' ich Lieder mehr im Kopf,
Als zehn Mädchen Haar' im Zopf, —
Hunold, hieß' es immer doch,
Hunold, weiter! eines noch!
Hunold, lieber Hunold!

Andere winken
Wieder zum Trinken,
Reichen mir den größten Krug
Klipp und klapp und Zug um Zug!
Hunold wird wohl durstig sein,
Hurtig schenkt dem Hunold ein!
Hunold, lieber Hunold!

Allen ist's leide,
Wenn ich dann scheide,
Und sie drücken mir die Hand,
Geben mir Geleit ins Land,
Bleiben grüßend lange stehn,
Hunold, hör'! auf Wiedersehn!
Hunold, lieber Hunold!

Singen und siegen.

Wer sich auf Minne nicht versteht,
Der hat noch viel zu lernen,
Was tief im Herzen vor sich geht,
Liest Keiner aus den Sternen.
Den Einen macht's selig, den Andern verrückt,
Den Dritten verrückt und selig,
Und was auf einen Wurf nicht glückt,
Das wird vielleicht allmählich.

Es fordert eine feine Kunst,
An Kräften reich und Listen,
Sich in der Frauen Huld und Gunst
Tieftraulich einzunisten.
Mit Lehren freilich ist nichts gethan,
Und guter Rath ist theuer,
Drum werbe Jeder nach eignem Plan
Und blase den Funken zum Feuer.

Ich führe den Bogen und führe den Stahl,
Die Fiedel so gut wie die Klinge,
Doch am sichersten sieg' ich allemal,
Wenn ich in die Herzen mich singe.
Ein Lied ist ein gefiederter Pfeil,
Der geht die geradesten Wege,
Wasmaßen also für mein Theil
Ich mich auf's Singen verlege.

Die Schalmei.

Ich weiß im Wald eine Weide stahn,
Die hörte nie Wasser rauschen,
Nie weinen ein Kind, nie krähen den Hahn,
Da lohnt es der Mühe zu lauschen.
Wenn schon ihr Saft in Stamm und Ast
Aufsteigt und quillt zur Reise,
Dann klopft man wacker und schält den Bast
Vom Splinte zu einer Pfeife.

Denn von der Weide zur rechten Zeit
Ein Zweig geschnitten zur Flöte
Ist eine köstliche Heimlichkeit
Und gut für mancherlei Nöthe.
So Einer bläst auf solchem Rohr
Mit lautem, lustigem Schalle,
Spitzt Mensch und Thier sogleich das Ohr
Und folgt und geht in die Falle.

Ich locke mit Listen auf meiner Schalmei
Zu springenden, zappelnden Tänzen,
Da kommen die mit den Zöpfen herbei
Und die mit den langen Schwänzen.
Sie müssen heraus, sie müssen hervor
Aus ihrem Versteck und Gehäuse,
Die Weiber, die Mädchen, die Kinder im Chor,
Alle Ratten und alle Mäuse.

Herr Wirth, nun traget auf den Wein!

Erst haben wir getrunken,
Was sich am schnellsten fand,
Bis ab der Durst gehunken,
Der mannshoch vor uns stand.
Laßt weiter jetzt in Ehren
Noch Gutes uns bescheren,
Herr Wirth! nun traget auf den Wein,
Dabei wir wollen fröhlich sein!

Wohl her und aufgetischet,
Was uns der Keller beut,
Was stärket und erfrischet,
Und was das Herz erfreut!
Auch Gläser, die beim Schwingen
Wie Silberglocken klingen.
Herr Wirth! nun traget auf den Wein,
Dabei wir wollen fröhlich sein!

Zwei Kannen, die nicht kleine,
Thun Treppendienste schwer,
Stets unten voll wird eine
Und oben eine leer,
Doch soll der Zapfer pfeifen,
Am Faß sich nicht vergreifen.
Herr Wirth! nun traget auf den Wein,
Dabei wir wollen fröhlich sein!

Dann thut nach eurem Willen,
Ihr lieben Brüderlein,
Und Jeder denk' im Stillen
An die Herzliebste sein;
Wer in sein Gläschen blicket,
Sieht, wie sie lacht und nicket.
Herr Wirth! nun traget auf den Wein,
Dabei wir wollen fröhlich sein!

Da kommt er, liebe Kehle!
Das war die Kellerthür,
Schenk, daß er nirgend fehle!
Du stehst uns ein dafür.
Zur Rechten und zur Linken
Auf ein gesegnet Trinken!
Herr Wirth! wir loben Euch den Wein,
Dabei wolln wir wohl fröhlich sein.

Erinnerung.

Die Bilder des Lebens schwanken,
Die Berge wechseln ihr Kleid,
Du kommst mir nicht aus den Gedanken,
Du dunkelbraunlockige Maid!

Meine Augen haben die deinen,
Deine die meinen gesucht,
Heimlich wie unter Steinen
Ein blaues Vergißmeinnicht lugt.

Und als ich fuhr von hinnen,
Hab' ich mich umgesehn,
Dein weißes Tuch von Linnen
Ließest du flatternd wehn.

Die Sonne war bald verschwunden,
Und nieder sank die Nacht;
Hast du in ruhigen Stunden
Noch einmal an mich gedacht?

Röslein, wann blühst du auf?

Es wuchs an einem Rosenbaum
Ein Knösplein auf im Garten,
Und wer es sah, der konnte kaum
Der Rose Blühn erwarten.
Goldkäfer kam geflogen,
Schwirrt rund herum im Bogen:
Röslein, wann blühst du auf?

Früh Morgens blinkte heller Thau
Am Knöspelein, dem jungen,
Frau Nachtigall hielt Rosenschau,
Was nächtens aufgesprungen.
Sie saß in grünen Zweigen,
Sang zaubersüße Reigen:
Röslein, wann blühst du auf?

Kam auch ein blondes Mägdelein,
Sah nach dem Rosenkinde,
Ob sie's im warmen Sonnenschein
Noch nicht erschlossen finde.
Mit ihren rothen Lippen
Thät sie daran auch nippen:
Röslein, wann blühst du auf?

Den nächsten Tag mit treuem Sinn
Brach's ab ein Edelknabe
Und trug's dem lieben Mädchen hin
Als frische Morgengabe.
Röslein und der's genommen,
War'n beide da willkommen,
Röslein, wie blühst du auf!

Stille Liebe.

Holdseliger Jugend Prangen!
Dein blaues Augenpaar,
Die Rosen deiner Wangen,
Dein dunkelbraunes Haar, —
In allen meinen Tagen
Kommt mir's nicht aus dem Sinn,
Ich kann es dir nicht sagen,
Wie ich von dir gebannet bin.

Willst du mir sonst nichts geben,
So wehre doch dies mir nicht,
Laß mich die Augen erheben
Zu deinem Angesicht,
Laß meine Gedanken liegen
Als Beter vor deinem Schrein,
Und ewig bleib' es verschwiegen,
Daß meine ganze Seele dein.

Frühlingsnacht.

Hörst du die Nachtigall? es strömt und quillet
Aus ihrer Brust ein schmelzender Gesang,
Die Liebe locket, tiefe Sehnsucht schwillet,
Und Hoffnung wiegt sich in des Liedes Klang.
Durch lauten Jubel zittert leise Klage,
Denn ich verstehe wohl der Stimme Schall,
Es ist die Antwort auf die bange Frage,
Du sollst mich lieben, sagt die Nachtigall.

Warm ist die Frühlingsnacht, die Knospen brechen,
Mit jungem Grün umspinnt sich Baum und Strauch,
Mit ihren Düften möchten Blumen sprechen,
Und durch die Blätter geht ein Flüsterhauch.
Es webt und schwebt ein Kommen und ein Werden,
Es treibt und drängt im Stillen überall,
Es regt sich jede Kraft, — das ist auf Erden
Die Zeit der Wonnen, sagt die Nachtigall.

Ist dir nicht selbst zu Muth im holden Reigen,
Hell aufzujauchzen und mit Lust zu blühn?
Das Herz ist voll, wenn auch die Lippen schweigen,
Du fühlst doch deine ganze Seele glühn.
Die Augen glänzen dir im Mondenscheine,
O höre doch der süßen Töne Schwall!
Horch, wie es wirbt und fleht! du einzig Eine,
Du wärst mein eigen, sagt die Nachtigall.

Frage.

Eine Rose gepflückt! sie duftete ja
So süß und hold mir entgegen;
Als ich die blühende Rose sah,
Mußt' ich ans Herz mir sie legen.
Ist das denn Sünde?

Einen Kuß mir geraubt! der schwellende Mund,
Er lächelte Freuden und Liebe,
Als thät' er des Lebens Weisheit kund,
Da ward ich an ihm zum Diebe.
Ist das denn Sünde?

Tröstlich Saitenspiel.

Umsonst sind alle meine Lieder,
Verdüstert bleibt dein Angesicht,
Du schweigst und schlägst die Augen nieder,
Ich sehe wohl, du liebst mich nicht.

Ein Andrer hat dein Herz genommen
Und zog damit in fremdes Land,
Und ob er je wird wiederkommen,
Das steht allein in Gottes Hand.

Du hoffest aber, und den Schlummer
Raubt dir der Sehnsucht heißer Drang,
O laß mich deinen Gram und Kummer
Einwiegen mit der Saiten Klang.

Ich will sie fromm und leise rühren,
Als spielten auf vom Himmelszelt
Die lieben Englein, dich zu führen
Im Traume durch die schöne Welt.

Du kämst auf Berge, grüne Matten,
Kämst in ein Thal, weit, weit von hier,
Und träfest dort im Waldesschatten
Den Liebsten auf dem Weg zu dir.

Du flögest jauchzend ihm entgegen,
Er wär' in Liebe wieder dein,
Und bei der Englein Sang und Segen
Schließt du in seinen Armen ein.

Am Wocken.

Heller Maiensonnenschein
Dringt zu mir ins Kämmerlein,
Und hier innen
Muß ich spinnen,
Muß den Flachs zum Faden drehn,
Soll nicht mit zur Linde gehn.
O die Plage!
Lange Tage,
Finger naß und Lippen trocken,
Sitz' und sitz' ich hier am Wocken.
Schnurre, surre, drehe dich,
Spindel, Spindel, fülle dich!

Mutter, warst doch auch mal jung,
Tanztest gern den Siebensprung,
Laß zum Reien
Mich im Freien!
Sieh, es lockt ein Wonnetag,
Blauer Himmel, Vogelschlag,
Frühlingsmächte!
Halbe Nächte
Will ich bei der Lampe spinnen,
Will auch noch das Öl gewinnen.
Schnurre, surre, drehe dich,
Spindel, Spindel, fülle dich!

Könnt' ich nur ein einzig Mal
Draußen in dem grünen Thal
Mich mit schwingen
Und mit singen,
Mich in rechter Liebeslust
An des Einen treue Brust
Innig schmiegen,
Mit ihm fliegen,
Daß ich ihn verstohlen früge,
Ob sein Herz noch für mich schlüge!
Schnurre, surre, drehe dich,
Spindel, Spindel, fülle dich!

Bring' ich elf Schock Garn vom Lein,
Soll das zwölfte meine sein,
Mir gegeben
Zum Verweben,
Lieber Schatz, dann bin ich frei,
Brauthemd schaff' ich für uns zwei,
Brav gesponnen,
Bald verronnen
Ist die Zeit, bis ich dein eigen,
Spielmann wird zum Brautlauf geigen.
Schnurre, surre, drehe dich,
Spindel, Spindel, fülle dich!

Das Ritterschloß.

Dort oben steht das Ritterschloß
Mit Zacken und mit Zinnen,
Ach! was da wohnt im Thurmgeschoß,
Möcht' ich mir gern gewinnen.

Der Burgherr ist von Haaren grau
Und schlecht ist mit ihm kosen,
Die schöne junge Rittersfrau
Hat Wangen wie die Rosen.

Gesungen hab' ich und gespielt
Vor Beiden, was ich konnte,
Und übern Bogen weg geschielt
Hin, wo mein Blick sich sonnte.

Den Mantel gab der Rittersmann,
Den schönen mir zu eigen,
Die Burgfrau sah mich sinnend an:
Jung Spielmann, kannst du schweigen?

Ei Ritter, reite doch hinaus
Zum Rauben und zum Würgen,
Derweil halt' ich hier oben Haus,
Will für die Burg wohl bürgen!

Doch andre Bürgschaft leist' ich nicht,
Steh' nicht in deinem Lehne
Und nenn' es auch nicht Dienst und Pflicht,
Wonach ich sonst mich sehne.

Nimm Urlaub nur mit Speer und Helm
Vom holden Frauenbilde,
Und Einer wird an dir zum Schelm
Und fährt dann in die Wilde.

Zur Burg im letzten Dämmerschein
Blick' ich noch einmal wieder,
Roth leuchtet ein Thurmfensterlein
Ins dunkle Thal hernieder.

———•———

Am Rheine.

Ich fahre hin zum stolzen Rhein,
Zu den berühmten Reben,
Da wächst auf allen Bergen Wein,
Da blüht ein glückhaft Leben,
Und Mancher, der mir hold und mild,
Zapft da mit rechtem Maße,
Die Traube hängt als Wirthshausschild
Weit über in die Straße.
Wie groß die Zahl,
Ich kann nun mal
Den Schenken nicht vorüber gehn,
Ich muß sie doch von innen sehn.

In Ingelheim da fang' ich an
Mit Rothem aus der Tonne
Und trinke mich stromunter dann
Linksuferig bis Bonne.
Frau Wirthin hat die Bank gewischt
Zum Willkomm mit der Schürze
Und einen Schoppen aufgetischt,
Daß ich ihn mannhaft stürze.
Ist grünlich gelb
Und klar derselb,
Doch hat er's in sich, daß er sacht
Beim ersten Schluck schon lustig macht.

Rechtsufrig dann stromauf gemach
Durch Östrich und Hallgarten
Zieh' ich bis Kloster Eberbach,
Wo meiner sie schon warten.

Die Mönche bringen dort herein
Vom Steinberg eine Sorte,
Ist das ein Segen dieser Wein!
Mir fehlen fast die Worte.
Ist mild und stark,
Geht bis ins Mark,
Er leuchtet Einem ins Herz hinein,
Der Mensch kann dabei selig sein.

Hinab dann geht's nach Kiderich,
Sanct Valentin zu ehren,
Doch balde schon muß wieder ich
Zum Gräfenberg mich kehren.
Dann du, gesegnet Rauenthal,
Wer möchte hier wohl fasten!
Muß ich ja doch schon wieder mal
In Altavilla rasten.
Dort Walluf winkt,
Wo gut sich's trinkt,
Und ist auch hier der Becher hohl,
Dann heißt es: Rheingau, lebewohl!

Mit dem, was man so Trinken nennt,
Ist wenig noch geschehen,
Wer meinen ganzen Durst nicht kennt,
Wird mich nur halb verstehen.
Das Beste such' ich für ihn aus,
Zum Rheine fahr' ich wieder,
Bring' mir ein Räuschlein mit nach Haus
Und alle Taschen voll Lieder.
Die Luft macht frei,
Ich trink' für drei,
Rheinwein, du süffig Sonnengold,
Dir geb' ich mich in Lehn und Sold!

Gutes Beispiel.

Des Maien Thür ist aufgethan,
Es grünen Wald und Auen,
Mit Freuden will er nun empfahn,
Wer kommt, um ihn zu schauen.
Durch's Dorf der alte Spielmann geht
Und winket mit der Geigen,
Das Zeichen Mann und Magd versteht,
Sie schmücken sich zum Reigen.
Die Saite klingt,
Die Dirne springt,
Und wer sich flott im Tanze schwingt,
Kann's auf dem Anger zeigen.

Es kommt der stolze Bauernsohn
In spitzen Schnabelschuhen
So trotzig, als besäß' er schon,
Des Vaters volle Truhen.
Lang nieder hängt ihm das Gelock,
So fahl wie Krämerseide,
Gepolstert ist sein Lederrock,
Und Schellen sind Geschmeide.
Er dünkt sich werth
Mit seinem Schwert,
Wie's klirrend an die Ferse fährt,
Daß Jeder ihn beneide.

Kommt auch ein armes junges Blut
Mit schämig rothen Wangen,
Saß meist zu Haus in strenger Hut,
Wenn Andre draußen sprangen.
Sie trägt in Haaren rund und schlicht
Ein Kränzel von Violen,
Ein blitzend Schapel hat sie nicht,
Wer wird zum Tanz sie holen?
Sie steht abseit
Und ist bereit,
Wie sie die Andern sieht gereiht,
Da brennen ihr die Sohlen.

Ein zierer Knappe springt vom Roß,
Das Mädel mocht' ihn dauern.
„Fehlt dir zum Reigen ein Genoß?
Komm! sollst nicht einsam trauern!"
Er schwingt sie, wie der Spielmann geigt,
Mit Lust im Govenanze,
Und als er in den Bügel steigt,
Wirbt Jeder sie zum Tanze.
Sie wird geführt,
Wie sich's gebührt,
Es muß, die sich der Junker kürt,
Die Schönste sein im Kranze.

Feuer im Keller.

Im Keller brennt es lichterloh,
Die Fässer stehn in Flammen!
Der Wein fängt Feuer! Feurio!
Die Wölbung bricht zusammen!

Doch Alles schläft; der Wirth allein
Erhebt sich um so schneller,
Hantirt mit Wasser, löscht den Wein
Und rettet seinen Keller.

Und als das Hausgesind erwacht,
Schwant Keinem, was geschehen,
Der Wirth nur schmunzelt, wie zur Nacht
Die Gäste von ihm gehen.

Blieb von der heimlichen Gefahr
Dem Retter doch die Klarheit,
Daß nur ein Traum das Feuer war,
Das Wasser aber Wahrheit.

Zu Zweien beim Wein.

Ei! wer kommt da zur Thür herein?
Leukardis bringt mir selbst den Wein,
Ein Paßglas ist's, gestrichen voll,
Heia! wie der mir munden soll!

Nein, stell' ihn so nicht auf den Tisch,
Erst an die Lippen flink und frisch!
Und wo du nippst, da nipp' ich auch,
Das ist verliebter Trinker Brauch.

Auf meinem Schoße halt' ich dich,
Mit einem Arm umschlingst du mich,
Zum Trinken und zu Tändelei
Hat Jeder eine Hand noch frei.

Komm, einen Kuß! wir sind allein,
Ausplaudern könnt' ihn nur der Wein,
Und solch ein Freund verräth uns nicht,
Wenn er nicht aus uns selber spricht.

Nun wirst du gar in süßer Noth
Vom Halse bis zur Stirne roth
Und schmiegst dich an mich hold verschämt,
Als wenn dich Schuld und Sünde grämt.

Nimm hin das Glas, bald ist es leer,
Den Rest trink' ich, dann holst du mehr,
Das soll der letzte Becher Wein
Und das der letzte Kuß nicht sein!

Am Kloster.

Wie gut sich's unterm Krummstab lebt,
Das hab' ich selbst erfahren,
Wer nicht hinaus ins Weite strebt,
Kommt dort zu hohen Jahren.
Ich blieb einmal die Winterszeit
In Sanct Ägidien hangen
Vom Herbst, bevor es noch geschneit,
Bis daß die Knospen sprangen.

Im Klosterwalde, meilenweit,
War Wild genug zu finden,
Des Weinbergs Rücken, lang und breit,
Gab Schutz vor rauhen Winden.
Klar spiegelte wie ein Kryſtall
Der See die Klostermauern,
Kaum faßten Kammer, Scheun' und Stall
Die Zehnten von den Bauern.

Die Mönche haben nicht geruht,
Um meine Gunst zu werben,
Als hofften sie, ein Rittergut
Vom Spielmann einst zu erben.
Sie gaben Speise mir und Trank
Und eine warme Zelle,
Ich saß mit ihnen auf der Bank,
Als wär' ich ihr Geselle.

Ich hab' es ihnen gern gelohnt,
Stets folgsam ihren Winken,
Und meine Kehle nicht geschont
Beim Singen und beim Trinken.
Nahm ich dann meine Fiedel vor,
So ging's ans Musizieren,
Zur Abendmette gab's im Chor
Ein freudig Psalmodieren.

Den Bruder Kantor weiht' ich ein
In meine Kunst zu geigen,
Mich lehrt' er Lesen und Latein,
Sich dankbar mir zu zeigen.
Als ich Gertruden Minne trank
Im Mai mit den Geschornen,
Zählt' ich den Winter, der versank,
Nicht zu den halb verlornen.

Es war einmal ein feuchter Knab.

Es war einmal ein feuchter Knab,
Der trank sich still hinüber,
Stieß in den Rasen seinen Stab
Und hing den Hut darüber.
Barhäuptig unterm Wallnußbaum
Saß er im Gras und blies den Schaum
Und sah dann überm Kruge
Oft nach der Wolken Zuge.

Er sagte wohl: Ist denn der Mund
Gar nütze nur zum Sprechen?
Ich mein', er ist im Erdenrund
Das Trichterlein zum Zechen.
Ein Wirthshaus ist die ganze Welt,
Der Wirth wohnt überm Sternenzelt
Und tränkt, was trockenkehlig,
Was sündig und was selig.

Was giebt es also Bess'res nun,
Als schlemmen brav und demmen
Und sich ein gutes Trünklein thun,
Den Durst hinweg zu schwemmen?
Wer weiß, wozu der Staub so weht,
Warum der Krebs so rückwärts geht
Und wieviel uns im Leben
Trinktage noch gegeben?

Und als er seinen Letzten hob,
Gab er uns weise Lehre:
Fürwahr, es ist ein feines Lob,
Wenn sonder Schad' und Schwere
Ein ehrenfester Biedermann
Sein würdig Maß vertragen kann;
Das längert seinen Namen,
Und wer's begehrt, sprech' Amen!
Amen!

Schabab!

Kommſt mir, wo ich geh und ſteh,
Immer ins Gehege,
Biſt mir, wie ich mich auch dreh,
Überall im Wege.
Sieh mal hier! zum Angedenken
Will ich dir ein Blümchen ſchenken.
Weißt, wie's heißt? Schabab!
Schabab!

Was du ſtets im ſelben Ton
Vorbringſt, mich zu quälen,
An den Fingern weiß ich ſchon
Mir es abzuzählen.
Mädchen hüten ſich und Frauen,
Deinen Worten je zu trauen.
Schweige ſtill! Schabab!
Schabab!

Einen Kuß bekommſt du nicht,
Wie du auch drum bettelſt,
Thor, wer dir ein Röslein bricht,
Weil du's doch verzettelſt.
Denn für dich im ganzen Sachſen
Iſt ein einzig Kraut gewachſen.
Nimm es hin! Schabab!
Schabab!

Nun, was stehst und starrst mich an
Mit den dunkeln Augen?
Hast den Laufpaß, zieh hindann,
Laß den Rath dir taugen. —
Einmal — sollt' ich noch — vergeben?
Könntest — ohne mich — nicht leben? —
Liebst mich denn? — Komm her!
Komm her!

———————

Drei Jungfräulein.

Es waren drei schöne Jungfräulein,
Die liebten einen Knaben,
Und jede wollt' ihn gern allein
Zu ihrem Buhlen haben.

Des Morgens früh die Erste kam,
Hatt' ihm eine Rose gebrochen,
Doch als er in die Hand sie nahm,
Hat ihn ein Dorn gestochen.

„Weh! deine Lieb' birgt heimlich Leid,
Wie Dornen wird sich's geberden,
Nimm einen Andern, du Rosenmaid,
Wir können nicht glücklich werden."

Die Zweite kam am hohen Tag
Und bracht', um ihn zu werben,
Ein goldgelb Ringlein, doch es lag
Bald auf dem Estrich in Scherben.

„Es ist nicht Alles Gold, was gleißt,
Nicht echt ist deine Treue,
Ist wie dein Ring aus Glas geschweißt,
Schafft dir und mir nur Reue."

Die Dritte kam zur Dunkelheit:
„Ich habe nichts zu geben,
Aber ich biete für alle Zeit
Mein Herz dir und mein Leben."

Er sah im letzten Dämmerschein
Zwei helle Thränen blinken,
Er fühlt' im stillen Kämmerlein
An seine Brust sie sinken.

Er drückte sie an sich, er mußte sie
Mit ganzer Seele umfassen,
Er hielt sie fest und hat sie nie,
Nie wieder von sich gelassen.

———————

Liebesglück.

Du meine Wonne, du meine Lust,
Herrliche, Prächtige, Süße!
In meinen Arm und an meine Brust,
Daß ich von Herzen dich grüße!

Stehest, des Lebens holdseliges Bild,
Rüstig und fest auf dem Grunde,
Blickest mit Augen, wie Sterne so mild,
Lächelst mit blühendem Munde.

Hegest im schwellenden Busen die Kraft,
Freuden und Leiden zu tragen,
Wägest und findest, was fördert und schafft,
Kluges und Kühnes zu wagen.

Und daß du mein bist, rothrosiges Lieb!
Mein in der Minne Bescheide,
Und daß ich dir meine Seele verschrieb,
Wissen herzeinig wir beide.

Faß ich's in Worte? dräng' ich's zurück?
Laß ich's in Tönen erklingen?
Möchte mit dir, du mein wonniges Glück,
Hoch in die Lüfte mich schwingen.

Deine Augen heißen Vergißmeinnicht.

Deine Augen heißen Vergißmeinnicht,
Und Rose heißt dein Mund,
Holdselig steht dir zu Gesicht
Der beiden liebreizender Bund.

Wer in die Augen dir gesehn,
Vergißt nicht ihre Macht,
Wie Sterne werden sie vor ihm stehn
In der allerdunkelsten Nacht.

Sie strahlen wie des Himmels Licht
Ihm in das Herz hinein,
Vergißmeinnicht! Vergißmeinnicht!
Nie wird er verlassen sein.

Und auf weß Mund nur einen Kuß
Deines Mundes Rose lag,
Der hat, daran er denken muß,
Auf ewig und drei Tag.

Ritterlich Leben.

Den Helm auf's Haupt, den Speer in die Faust,
Die Sporen dem Hengst in die Flanken,
Staubwirbelnd und jauchzend dahin gebraust
Durch die geöffneten Schranken!
Die Fähnlein flattern, die Pulse glühn
Und Splitter fliegen und Funken sprühn,
Stoß gilt es mit Stößen zu danken.

Es lächeln und winken vom hohen Balkon
Und spähen, die Kämpfer zu schauen,
Mit Blicken verheißend den minnigsten Lohn
Siegwünschende, fröhliche Frauen.
Von Einer führ' ich die Farben am Helm,
Und wer sie nicht ehret, den schelt' ich wohl Schelm,
Er mag seinem Schwerte vertrauen.

Die Wangen wie Rosen und Rosen im Haar,
Mit Lippen zum ewig Gesunden,
So mußte gewappnet die Schönste der Schaar
Den Ritter im Panzer verwunden.
Sie hebt aus dem Sattel das tapferste Herz
Und tjostet mit Lanzen, die stärker als Erz,
Und hält den Besiegten gebunden.

Hei, ritterlich Leben! im Waffengang
Ein freudiges Wetten und Wagen,
Zum rauschenden, lockenden Harfenklang
Ein lustiges Singen und Sagen
Und treu wie die Ehre des Schildes im Streit
Verschwiegener Minne Glückseligkeit
Im hoffenden Herzen zu tragen!

Erhöre mich!

Erhöre mich! mir schlägt das Herz mit Bangen,
All meine Fröhlichkeit ist hin,
Ich weiß nicht, was du mit mir angefangen,
Daß ich nicht mehr mein eigen bin.
Ich will mein Leben für dich wagen,
Doch du mußt meine Liebe tragen,
Still in Gedanken schließ' sie ein,
Denn sie ist dein.

In meinen Arm! ich will dich heiß umschlingen
Und nahe dir ins Auge sehn,
In deine Brust soll meine Sehnsucht springen
Wie Sonnenschein und Frühlingswehn.
Ich will dich halten, will dich hegen,
Wie eine junge Rose pflegen,
Die mir mit purpurtiefer Gluth
Am Herzen ruht.

O schau' mich an, du Blüthe meiner Tage,
Du meiner Seele schwebend Lied!
Und wenn ich dich nach deiner Liebe frage,
Wirf Alles von dir, was uns schied.
Gieb mir die Seligkeit auf Erden,
Und selber sollst du selig werden,
Bis zu den Sternen heb' ich dich,
Erhöre mich!

Im Sturme.

Ich ging im Sturme durch den Wald,
Da rauscht' es in den Zweigen,
Ein Jauchzen war's, ein Donnern bald
In stolzer Wipfel Neigen.
Wie's oben braust
Und mich umsaust,
Begann ich selbst zu singen,
In Sang und Klang
Aus tiefem Drang
Mit Sturms Gewalt zu ringen.

„Du kommst gewandelt, heil'ge Macht,
Mit starkem Wehn und Weben,
Fährst nieder in des Waldes Pracht,
Daß seine Wurzeln beben.
Mit deinem Hauch
Triffst du mich auch,
Daß mir die Seele zittert,
Von deinem Geist,
Der schaffend kreist,
Fühlt sich mein Herz umwittert.

Doch wenn dein Arm auch Wälder beugt,
Ich will vor dir nicht wanken,
Ich bin aus deiner Kraft gezeugt,
Weltwesen ohne Schranken.
Wenn du mich schaust,
Sieh, ob mir graust
In deinen hohen Wettern,
Mag auch dein Blitz
Vom Wolkensitz
Der Felsen Bau zerschmettern."

Bald schwieg der Sturm, die Wolke riß,
Ich sah es blau sich malen,
Und durch des Waldes Finsterniß
Erging ein goldig Strahlen.
Nur flüsternd wob,
Nur leise hob
Sich noch ein sanft Getriebe,
Mein Herz doch schlug
Noch laut, es trug
Die Sturmessaat der Liebe.

Freund Mond.

Du alter Zaubermeister
Schleichst wieder durch die Nacht,
Und lenkest deine Geister
Mit deines Blickes Macht.

Im Wolkenmantel schreitest
Du bald vermummt einher,
Bald Glanzes Fülle breitest
Du über Land und Meer.

Dein leuchtend Schweigen wirket
Auf Erden wundermild,
Und was dein Schein umzirket,
Tauscht Wesen und Gebild.

In blauem Dämmer schweben
Dort Nebelduft und Thau,
Wie silbern Spinnenweben
Umschleiert's Wald und Au.

Geheimnißvolle Schatten
Und träumerisches Licht
Wirft über Berg und Matten
Dein ruhig Angesicht.

In deinem Glast und Glimmer
Wogt es thalaus, thalein,
Es wird in Fluth und Flimmer
Lebendig das Gestein.

Und machst du Felsen wanken,
Aufblitzen hartes Erz,
Was träufst du für Gedanken
Ins weiche Menschenherz!

Zu dir schreit Angst und Jammer
Aus tiefer Noth empor,
Zu dir hebt in der Kammer
Sehnsucht die Händ' empor.

Auf deinen Beistand bauet
Hoffnung in jedem Kleid,
Dir wird getrost vertrauet
Der Liebe Lust und Leid.

Und Jedem sollst du helfen,
Der zweifelt oder bangt,
Ein Heer beschwingter Elfen
Wird, Freund, von dir verlangt.

Nachtwandler, deine Bahnen
Zieh unter Sternen hin,
Das Volk darf es nicht ahnen,
Daß ich dein Günstling bin.

Der Kranz.

Die Blumen in deinem Kranze,
Roth, gelb, blau, blümerant,
Die haben mit ihrem Glanze
Mir in die Augen gebrannt.

So schönen wie du trug Keine,
Und Keiner stand ihrer so gut,
Wie mit einem Heiligenscheine
Gingst du in des Kranzes Hut.

Sternblüthen, Primeln und Glocken
Und blaue Vergißmeinnicht
Umrahmten dir in den Locken
Dein eigenes Blumengesicht.

Und röthliche Blätter und Ranken
Schmiegten sich her und hin,
Mir kamen nur gute Gedanken
In meinen begehrlichen Sinn.

Der Blumen Weben und Schweben
Hat mir das Herz berückt,
Ich hätt' um Leib und Leben
Den Kranz dir nicht zerpflückt.

Der Stern.

Ein Stern und ein jung Mädchen, —
Wer hätte das gedacht! —
Die hielten's mit einander
In jeder klaren Nacht.

Erst fing er an zu funkeln
Und äugelte so fein,
Dann lugt' er gar durchs Fenster
In ihr keusch Kämmerlein.

Bald liebten sie sich beide
Und wurden sehr vertraut,
Er hat mit Strahlenaugen
Ihr bis ins Herz geschaut.

Sie sagt' ihm Alles, Alles,
Ihr Wünschen und ihr Weh,
Er sandt' ihr Trost und Hoffnung
Aus seiner stillen Höh.

Sie ward in schweren Jahren
Ein arm alt Mütterlein
Und blickte doch mühselig
Noch auf zu seinem Schein.

Im Friedhofgras versinket
Ein namenloses Grab,
Goldhell von oben blinket
Der Stern darauf hinab.

Harren.

Es blühen an den Wegen
Viel bunte Blümelein,
Es fließen unter Stegen
Viel klare Wässerlein.

Die Blumen müssen bleiben
Allstets an ihrem Ort,
Die Wellen aber treiben
Nur immer fort und fort.

Das Mägdlein aus der Mühle
Steht an des Ufers Rand
Und wirft hinab ins Kühle
Die Rose aus der Hand.

Zieh nach dem Einen, Lieben,
Der's Sehnen mich gelehrt,
Sieh zu, wo er geblieben
Und wann er wiederkehrt.

Sag' ihm, es stünd' im Garten
Voll Rosen unser Strauch,
Die duftend seiner harrten,
Und harrend stünd' ich auch.

Ich glaub' es nicht.

Sie sagen, du hätt'st mich betrogen,
Sie wüßten es ganz genau,
Hätt'st Liebe mir gelogen,
Nähmst niemals mich zur Frau.
Wie sie mich fragen und quälen
Und mir von dir erzählen, —
Ich glaub' es nicht.

Ich sollte mich nicht betrüben,
Wärst werth kein Herzeleid,
Im andern Kirchspiel drüben
Hätt'st du eine andere Maid.
Der hätt'st du dich versprochen
Und mir die Treu gebrochen, —
Ich glaub' es nicht.

Du gingest mit ihr zur Linde,
Du schlichest in ihr Haus,
Brächt'st ihr zum Angebinde
Den schönsten Blumenstrauß,
Und daß du bei ihr wachtest
Und mich mit ihr verlachtest, —
Ich glaub' es nicht.

Was sie mir geben zu hören,
Nicht wahr? ist Trug und Schein,
Ich wollte wohl auf dich schwören,
Du kannst nicht untreu sein.
Erst will ich selber sehen
Dich zu der Andern gehen,
Eh' glaub' ich's nicht.

Wie viele hübsche Mädchen giebt's?

Wieviel es hübscher Mädchen giebt,
Frag' ich, auf Gottes Erde,
Würd' darauf hin mal durchgesiebt
Die große Menschenherde.
Mir wär' es recht, würd' ich verdammt,
Auf Zählung auszugehen,
Dann kriegt' ich sie schier allesammt
Doch wenigstens zu sehen.

Sie stehen manchmal dünn gesät,
Einsam wie Edelraute,
Schon oft hab' ich umsonst gespäht,
Ob eines ich erschaute.
Verfolg' ich aber ihre Spur,
Am Anblick mich zu laben,
Möcht' ich die hundert Schönsten nur
Einmal beisammen haben.

So klug wie ich ist mancher Mann,
Sich eine zu erkiesen,
Doch wachsen immer neue 'ran
Wie Blumen auf den Wiesen.
Und wenn ein Jahrgang gut gerieth,
So hat man unterdessen,
Daß man noch eine Schön're sieht,
Die Schönste bald vergessen.

Spielmannsaugen.

Du Liebe, du Holde, ja schau' nur hinein,
Blicke mir in die Augen,
Aber hüte dich, hüte dich fein,
Denn es sind Spielmannsaugen!

Spielmannsaugen haben die Macht,
Alles zu sehn, was sie wollen,
Sehen bei Tage, sehen bei Nacht,
Das auch, was sie nicht sollen.

Spielmannsaugen blicken gar tief,
Tief in des Herzens Falten,
Wecken wie Ostersonne, was schlief,
Keimende Liebesgewalten.

Lassen zurück eine bohrende Spur,
Fühlbar mit Hangen und Bangen,
Haftend am Häkchen und fest an der Schnur
Zappelt das Fischlein gefangen.

Saßest im Winkel still und allein,
Doch wenn hinüber ich blickte,
Sah ich dir grad' in die Augen hinein,
Daß es mich seltsam bestrickte.

Selber kaum wußt' ich, wie mir geschah,
Aber ich fürchte, o Mädchen,
Über und über gefangen hielt da
Fischlein den Fischer am Fädchen.

———— • ————

Stelldichein.

Die Lippen rege nicht, noch Augenbraunen,
Ganz ruhig bleib' und schau' voll Gleichmuth drein,
Daß Niemand merkt mein Flüstern und mein Raunen,
Denn was du hörest, ist für dich allein.

Ich liebe dich und will nicht von dir lassen,
Ich bin dein Schatten, der sich an dich hängt,
Mit allen Fibern will ich dich umfassen,
Daß meine Seele sich in deine drängt.

Du bist so schön! dein weißer Nacken glänzet,
Erschrick nicht, wenn ihn jetzt mein Mund berührt!
Von deiner weichen Locken Fluth umkränzet
Glühn dir die Wangen, und die Sehnsucht schürt.

Der Mond ist dunkel jetzt, komm in den Garten,
Komm in der Laube dämmriges Gemach,
Ich geh' voraus, laß mich nicht lange warten!
Dein Busen wogt, — ich weiß, du folgst mir nach.

Wenn du kein Spielmann wärst!

Traf ich die Blonde im dämmrigen Gange,
Herzte sie, küßte sie, frug nicht erst lange.
Zwar fing sie an, sich ein wenig zu wehren,
Ließ sich's doch balde gefallen in Ehren;
„Das aber sag' ich Dir,“ sprach sie, „Du Schlimmer!
Wenn Du kein Spielmann wärst, litt' ich es nimmer;
Wenn Du kein Spielmann wärst!“

Dank für das Wort! und es sei nicht vergessen;
Hab' mich mein Lebtag zu hoch nicht vermessen,
Aber ihr Mägdelein mögt es euch merken,
Haltet auf Tugend in Worten und Werken,
Jeglichem Mann, was im Sinn er auch hege,
Wenn's nicht ein Spielmann ist, geht aus dem Wege;
Wenn's nicht ein Spielmann ist!

Doch einem Spielmann, ja dem könnt ihr glauben,
Dürfet ihm dieses und jenes erlauben,
Müsset ihm niemals mit Nein was verschlagen,
Müsset nur immer hübsch Ja zu ihm sagen.
Ach! und wie freu' ich mich, will es nicht hehlen:
Weil ich ein Spielmann bin, kann mir's nicht fehlen;
Weil ich ein Spielmann bin!

Wohlauf, du frische Jugend!

Wohlauf, du frische Jugend,
Du König ohne Land!
Wie Maienfrost hält Tugend
In deinem Herzen Stand.
Du willst dich ja nicht härmen,
Willst singen und willst lärmen
Und überschäumend schwärmen
An deines Glückes Hand.
O vireat, o floreat,
O gaudeat juventus!

Warm Blut will frei sich regen,
Und Wanderlust zieht aus
Und pflückt sich an den Wegen
Den schönsten Blumenstrauß.
Kommt, ihr in jungen Jahren,
Vaganten und Scholaren,
Wir wollen fürbaß fahren
Durchs weite Weltenhaus.
O vireat, o floreat,
O gaudeat juventus!

Wo sind die höchsten Berge?
Wo schafft ein Lindwurm Leid?
Wo halten Riesen und Zwerge
Gefangen eine Maid?
Frau Ehre soll uns führen,
Frau Minne soll uns schüren,
Frau Sälde woll'n wir küren,
Den drei'n thun wir Bescheid.
O vireat, o floreat,
O gaudeat juventus!

Mägdlein, bei Mond und Sternen!
Euch naht ein kühn Geschlecht,
Ihr Schenken und Tavernen,
Schließt auf, es wird gezecht!
Sich Lieb' und Lust erneuen,
Mit Rosen sich bestreuen
Und sich des Lebens freuen,
Das ist der Jugend Recht.
O vireat, o floreat,
O gaudeat juventus!

Spielmannsliebchen.

Unstäte fahr' ich hin und her
Und segle mit allen Winden,
Und manchmal wird mir's leidig schwer,
Ein Losament zu finden.
Drum halt' ich nur als flücht'ger Gast
Einkehr in Mädchenherzen
Und muß mir oft in Hatz und Hast
Das beste Glück verscherzen.

Ich hab' im heil'gen Röm'schen Reich
Manch ein Feinsliebchen sitzen,
Wär' ich ein Falk, ich zählte gleich
Sie nach den Kirchthurmspitzen.
Beim besten Willen kann ich doch
Nicht alle mit mir nehmen,
Mich in ein hundertfaches Joch
Gehörig zu bequemen.

Ein Liebchen aber, siehst du ein,
Muß wohl der Spielmann haben
Für's Wandern und Verlassensein
Und für die Liedergaben.
Die ziehn dich zu mir, freundlich Kind!
Wir halten uns nicht in Treuen,
So lang' wir aber beisammen sind,
So lang' woll'n wir uns freuen.

Früh Morgens.

Wie liebreich du die Blumen pflegst
Auf deinem Fensterbrettlein
Und ums Spalier die Ranken legst
Die Blüthen und die Blättlein!

Du säuberst sie, so bunt und kraus,
Sorgsam von jedem Stäubchen,
Siehst selbst so rosenknospig aus
Im frischen Morgenhäubchen.

Du tränkst sie, daß sie freudig blühn
Dank duftend deinem Fleiße,
Dann glänzt und schimmert durch das Grün
Ein Arm in Lilienweiße.

Dein Erstes ist's nach deinem Brauch
Früh, wenn der Tag dich wecket,
Doch Einen weiß ich, der im Strauch
Noch früher sich versteckt.

Du lauschest, wenn vom Busche nah
Tönt einer Drossel Flöten,
Vor Vogelaugen braucht man ja
Nicht eben zu erröthen.

Den Vogel selbst sahst du noch nicht,
Der dort sich hält verborgen,
Doch lächelt ihm dein Angesicht
Den schönsten Gutenmorgen!

Schelmentag.

Das ist für mich ein Schelmentag,
Wenn ich nicht singen kann und mag
Und meine liebe Geigen,
Statt daß sie klingt zum Reigen,
Thut schweigen.

Und ob mir's auch an nichts gebricht,
Find' ich doch Lust und Laune nicht,
Mir will in Trotz und Tücken
Von meinen besten Stücken
Keins glücken.

Dann lieg' ich auf der Lotterbank,
Sag' keinem Menschen Gruß und Dank
Und wünsche Wein und Weibel
Mit Haut und Haar und Leibel
Zum Deibel!

Im Dorfe.

Dörflein, dir geh' ich nicht vorbei
Rastlos am Wanderstecken,
Lockst mich zu deiner Siedelei
In blühenden Weißdornhecken.
Baumgärten rings und Ackerflur
Mit jungen grünen Saaten,
Der Kirchthurm mit der Sonnenuhr
Ein wenig schief gerathen.

Aus Strohdachhütten kräuselnd weht
Der Rauch bei lindem Weste,
Herr Storch, sonst vielbeschäftigt, steht
Auf einem Bein im Neste.
Es scheint, die Morgenruhe frommt
Den Bauern und den Knechten,
Dörflein, wach' auf! der Spielmann kommt
Und sieht mal nach dem Rechten.

Ich kann euch Neues aus dem Reich
Erstaunlich viel berichten
Von Ritterfehden, Pfaffenstreich
Und grausliche Geschichten.
Rothbäck'ge Dirnen, wie sieht's aus
Mit einem Sonntagstänzchen?
Und merkt ihr auch nichts mehr im Haus
Von Wintermäuseschwänzchen?

Die beiden Heiligen.

Es ist ein Sprüchlein, inhaltsvoll,
Der klügsten eins von allen,
Daß man die Feste feiern soll
Im Jahre, wie sie fallen.
Drum wollen wir nach weiser Kür
Mit unsern Tagen schalten
Und durch des Schenken offne Thür
Bei Zeiten Einkehr halten.

Es wird wohl keinem Christensohn
An ein paar Heil'gen fehlen,
Drum möge seinem Schutzpatron
Sich Jeder selbst empfehlen,
Daß ihm ein Helfer in der Noth
Getreulich steh' zur Seite,
Der heimwärts auch ums Morgenroth
Behutsam ihn geleite.

Mit mir ist Sanct Siticulus,
Der macht das trockne Wetter,
Und neben ihm Sanct Bibulus,
Der ist mein Dursterretter.
Der Erste naht, von Sand bestaubt,
Der Zweit' auf feuchten Wegen,
Wetteifernd schütten sie auf's Haupt
Mir ihren stärksten Segen.

Den beiden Heil'gen sind geweiht
Der Tag' im Jahr so viele,
Daß ich in steter Dienstbarkeit
Nach ihrer Gnade ziele.
Sie sind voll Eifersucht, zu wem
Ich gläubiger mich kehre,
Und ob ich diesem oder dem
Gewicht und Ansehn mehre.

Noch hab' ich's selber nicht entdeckt,
Ob dem ich baß gewillet,
Der diesen schönen Durst mir weckt,
Ob dem, der mir ihn stillet.
Da Keinen ich entbehren kann,
Muß Beiden ich gestatten,
Zu wandern mit mir einem Mann,
Als ging' ich mit zwei Schatten.

O heiliger Siticulus!
Sanct Bibulus, du Treuer!
Sagt mir, wann ich euch feiern muß,
Und meine Seel' ist euer!
Da ruft der rechts: „Mein Tag ist heut!"
„Heut meiner!" der zur Linken;
Was bleibt nun übrig, lieben Leut,
Als Tag für Tag zu trinken?!

Kränkung.

Als mir der Wirth den Wein gebracht
Mit wohlgeneigtem Grüßen,
Hat mir das Herz im Leib gelacht,
Ich sprang mit beiden Füßen.

Als ich ihn dann gekostet schon,
Thät ich den Becher schwingen
Und fing beim Trunk mit hellem Ton
Vor Freuden an zu singen.

Doch als es nun ans Zahlen ging,
Da gab's geringen Segen,
Ich hatte nichts mit Klang und Kling
Baar auf den Tisch zu legen.

Und als mir gar für seinen Wein
Der Wirth das Wams gepfändet,
Da schlug ich mit den Fäusten drein,
Daß übel sich's gewendet.

Ich hatt' im Stock zwei Tage Zeit,
Darüber nachzudenken:
Was giebt's doch in der Christenheit
Für ungeschliffne Schenken!

Anno Domini MCCLXXXII.

Dem Zweiundachtz'ger Lob und Preis!
Das ist ein Gnadenbronnen,
Kein Bess'rer wuchs, davon ich weiß,
Mein Tag im Licht der Sonnen.
In Sammet den und den in Zwilch,
Gesegnete Liebfrauenmilch,
Tränkst du mit eitel Wonnen!

Gebt mir ein Glas, durchsichtig hell,
Daß ich die Klarheit schaue,
Blink' auf, du goldiger Gesell
Vom reichen Hessengaue!
Dich setz' ich an, und Labung quillt,
Dich trink' ich aus, und sehnend schwillt
Mein Herz der schönsten Fraue.

Heil dir, du Nibelungenwein,
Bei dem ich Trost gefunden,
Der du mich hier zu Worms am Rhein
In Freuden läßt gesunden!
Ein Siegfried werd' ich, stark und mild,
Erscheine, herrliche Kriemhild,
Prinzessin der Burgunden!

Bei dem Gewächs, wie Gott es schuf,
Sitzt gut bei Tag und Nacht sich,
Und durch die Lande geht der Ruf:
Der Herbst hat wohl bedacht sich
Mit goldgewobner Suckenie,
Dem Wein von anno Domini
Zwölfhundertzweiundachtzig!

Für Kaiser Rudolf.

Das war ein heißer Sommertag,
Mit blut'gem Maß gemessen,
Als mancher Mann am Boden lag,
Der aufzustehn vergessen.

Da wurde König Ottokar
Jählings vom Pferd gestochen,
Und auf dem Marchfeld endlich war
Des Böhmen Macht gebrochen.

Die Schweizer drückten weidlich auf,
Vom Elsaß die desgleichen,
Und Kaiser Rudolfs Siegeslauf
Ging über Feindesleichen.

Ich war dabei, mit Stoß und Stich
Hab' ich den Spieß getragen,
Und froh gedenk' ich, daß auch ich
Die Schlacht dort mit geschlagen.

So hab' ich für Herrn Rudolfs Macht
Die Hand in Blut gewaschen,
Er hat's so weit wie ich gebracht,
Hat allzeit leere Taschen.

Wider die Pfaffen.

Die Pfaffen tragen hoch das Haupt,
Es walten dunkle Zeiten,
Und wer nicht glaubt und aberglaubt,
Dem drohen sie mit Scheiten.

Frech bläht sich auf das schwarze Pack,
Als hätten sie gleich Nieten
Den Kaiser und das Reich im Sack
Und könnten uns was bieten.

Sie wissen sich im Glaubensstreit
Vor Hochmuth nicht zu lassen
Und lehren uns statt Duldsamkeit
Verfolgen nur und hassen.

O Kaiser Rudolf, starker Held,
Siegreich in vielen Schlachten,
Den Pfaffen räume nicht das Feld,
Die nach der Herrschaft trachten.

Stünd' nur in dieser Zeiten Lauf
Mit seines Wortes Schneide
Als unser Meister wieder auf
Der von der Vogelweide!

Doch weil er längst zu Würzburg ruht
In seines Grabes Ehren,
So wollen wir mit eignem Muth
Uns vor den Pfaffen wehren.

Ritter Ulrich von Lichtenstein.

I.

Ein Ritter stolz, ein Ritter fein
Mit blankem Wappenschilde
War Ulrich Herr von Lichtenstein,
Ein Held im Kampfgefilde.
Es war in Östreichs Ritterschaft
Gefürchtet seines Stoßes Kraft,
Keck flog im Waffentanze
Sein Fähnlein an der Lanze.

Er diente längst in Stetigkeit
Gar einer edlen Frauen,
Voll tiefer Sehnsucht allezeit,
Ihr Angesicht zu schauen.
Und wenn er ritt, und wenn er stach,
Die Sättel leerte, Speere brach,
Geschah es ihr zu Ehren,
Der Dame Ruhm zu mehren.

Er forderte zu hartem Strauß
Die Frauenritter alle
Und zog mit den Genossen aus
Zu raschem Überfalle.
Rastlos mit Helm und Schildesrand
Ritt er tjostirend durch das Land,
Die Lanzensplitter stoben,
Herr Ulrich doch blieb oben.

Dann aber ließ in zartem Ton
Er der Geliebten schreiben,
Wie lang' ohn' ihren Minnelohn
Er annoch sollte bleiben,
Er hätte zu der Herrin Ehr
Verstochen an die tausend Speer,
Gesiegt in jeder Schranke,
Zeit wär's, daß sie ihm danke.

Und als der Bote wieder kam,
Der lange fortgeblieben,
Er aus dem Gurt ein Briefchen nahm,
Von schöner Hand geschrieben.
Was mag nun wohl darinnen stehn?
Erhört die Frau des Ritters Flehn?
O missewendig Wesen!
Herr Ulrich kann nicht lesen.

Er rief und schalt in Ungeduld:
„Wo steckst du, Schreiberknabe?
Daß du mir liesest, welche Huld
Ich hier in Händen habe."
Zehn Tage trabt er mit dem Brief
— Weiß Gott, wohin der Schlingel lief! —
Und sucht in allen Winden,
Das Schreiberlein zu finden.

Beim Bierzapf fand er ihn zuletzt
Und grüßt' ihn just nicht feine,
„Nun lies, was hier mir aufgesetzt
Die hochgelobte Meine!"
Der las: „Was Ihr für mich gewagt,
Verdienet Dank, doch rath' ich, schlagt,
Herr Ritter, alle Minne
Zu mir Euch aus dem Sinne."

II.

Herrn Ulrich sehr die Minne zwang
Zur fernen Auserwählten,
Er saß und seufzte Tage lang,
Weil Zweifel bös ihn quälten.
Oft sank der Muth ihm klaftertief,
Doch wenn er ihren Namen rief,
Stand ihm zum Harrn und Hoffen
Der Himmel wieder offen.

Weil er auf's Singen sich verstand,
So dichtet' er ihr Lieder,
Dazu er süße Weisen fand,
Der Schreiber schrieb sie nieder.
Er trug sie alle sauber ein
In grasgrünsammtnes Büchelein,
Verziert mit güldnen Spangen,
Das sollte sie empfangen.

Sodann beschloß er, ihr ein Pfand
Von seltnem Werth zu spenden
Und einen Finger seiner Hand
Grüßlich daran zu wenden.
Und als er ihn sich abgehackt,
Sandt' er der Frau ihn wohlverpackt
Als Zeichen seiner Treue,
Daß sie darob sich freue.

Die Frau erschrak bei diesem Fund
Und schloß ihn in die Lade,
Dann sprach sie durch des Boten Mund,
Um's Handmal wär' es Schade,
Doch daß der Ritter nebenbei
Ihr mit neun Fingern lieber sei,
Als wie bisher mit zehnen,
Sollt' er um Gott nicht wähnen.

III.

„Herr Ritter, nun seid hochgemuth!
Sie will die Segel streichen,
Wenn heut das Burggesinde ruht,
Giebt Euch ein Licht das Zeichen.
Vom Söller hängt ein starkes Tau,
Das soll empor zur schönen Frau
Euch aus der Tiefe heben,
Sie will den Lohn Euch geben."

Wie Engelsgruß die Botschaft klang,
Ulrich, jetzt wirst du siegen!
Der Strick sei hundert Ellen lang,
Die Burg wird heut erstiegen!
Nacht endlich ist's, und nieder geht
Das Tau, wo schon der Ritter steht,
Dreist tritt er in die Schlinge,
O Himmelfahrt, gelinge!

Vom Boden schwebet er empor
Und hält sich fest am Seile,
Doch die dort oben, kommt ihm vor,
Die haben wenig Eile.
's ist aber auch von unten her
Verteufelt hoch, und er ist schwer,
Es helfen wohl der Fraue
Die Bosen ziehn am Taue.

Schon kann er beinah mit der Hand
Des Söllers Vorsprung greifen,
Da hört er von der Brüstung Rand
Ein Vöglein spöttisch pfeifen:
„Grüß Gott, Herr Ritter! seid Ihr da?
Ihr solltet Eurem Ziele nah,
Doch näher nicht gelangen,
Nun bleibt ein Weilchen hangen!"

Er fragt, er fleht, er drängt und droht
Und schwört bei Mal und Wunden,
Man tröstet ihn in seiner Noth,
Das Seil sei fest gebunden,
Und läßt, zur Kurzweil aufgelegt,
Von seinen Bitten unbewegt,
So zwischen Tod und Leben
Hoch in der Luft ihn schweben.

Auf einmal aber fährt er jäh
Hinunter in den Graben
Und würde, wär' er nicht so zäh,
Den Hals gebrochen haben.
Gottlob! die Knochen sind gesund,
Doch er gelobt in Herzensgrund,
Nie mehr mit Seel' und Leibe
Zu dienen einem Weibe.

Mäuschen.

Wie du da sitzest, du liebliches Kind,
Vor deinem blitzsauberen Häuschen!
Wenn ich dich anschau', denk' ich geschwind
An ein klein niedliches Mäuschen.

Zwar weiß und rosig ist deine Haut,
Doch glatt wie ein Mausefellchen,
Du bist gelenk und zierlich gebaut
Und flink wie das graue Gesellchen.

Es funkeln die dunkeln Äugelein
In deinem klugen Gesichtchen,
Und Zähne hast du so blank und fein
Wie das langschwänzige Wichtchen.

An deinem Köpfchen lauschet ein Paar
Rundlicher Mauseohren,
Und deine Pfötchen sind nun gar
Zum Trippeln und Tänzeln geboren.

Ich möchte dich fangen, du holdes Gespiel!
Dein Sammetpelzchen dir streicheln,
Mit Allem, was deinem Herzen gefiel',
In meinen Armen dir schmeicheln.

Komm, Mäuschen, mein Mäuschen, o bleibe nur hier,
Und Süßes wollen wir naschen,
Ich schleiche mich leise heran zu dir,
Lieb Mäuschen, laß dich nur haschen!

Rühr' mich nicht an!

Bleib' mir vom Halse, Thunichtgut!
Wir haben nichts zu theilen,
Ich möchte sonst den Übermuth
Mit bitterm Kraut dir heilen.
Scher' dich hindann!
Rühr' mich nicht an!

Dein Blick ist heiß, dein Herz ist kalt,
Dein Wort fährt auf dem Winde,
Dein Antlitz, deine Wohlgestalt
Sind nur der Falschheit Rinde.
Windschaffner Mann,
Rühr' mich nicht an!

Du trägst dein Haupt wie einen Helm,
Dein Glück wie goldne Sporen,
Im Nacken aber sitzt der Schelm,
Hast's faustdick hinter'n Ohren.
Dir trau', wer kann,
Rühr' mich nicht an!

Nicht Morgen= und nicht Abendgruß
Will ich vom Herzensdiebe,
Der immer auf dem Wanderfuß, —
O wüßtest du von Liebe!
Wie anders dann!
Rühr' mich nicht an!

Laubfrosch.

I.

Will denn in diesem Höllenbrand
Kein Lüftchen sich bewegen?
Zu Staub verdorrend lechzt das Land
Nach einem Tropfen Regen.

Der Himmel blau und immer blau,
Kein Wölkchen läßt sich blicken,
Das Gras ist gelb, das Strauchwerk grau,
Die Gluth ist zum Ersticken.

Die Sonne sauget Saft und Kraft
Aus Allem, was da lebet,
Die Nacht selbst keine Kühlung schafft,
Backofenhitze schwebet.

Laubfrosch, der du stets oben hockst,
Dein Anblick wenig tröstet,
Wenn du nicht balde Regen lockst,
Wirst, Großmaul, du geröstet!

Laubfrosch.

II.

Der Wind weht aus dem Regenloch
Mit feuchten Nebelschwingen,
Bedrückend um das Hochlandsjoch
Sich finstre Wolken schlingen.

Der Himmel ist so aschegrau,
So düster und verhangen,
Als ob niemals im holden Blau
Die Heidelerchen sangen.

Ein trübes Naß tropft dunstig schwer,
Man möchte fröstelnd meinen,
Man säh' im Leben niemals mehr
Die Sonne wieder scheinen.

Wenn du nicht bald nach oben steigst,
Laubfrosch, der mich verdrießet,
Und uns die liebe Sonne zeigst,
Wirst, Grüner, du gespießet!

———————

Strenge Hut.

Ist es denn keine Möglichkeit,
Daß ich zu dir gelange?
Giebt's keine List, die dich befreit
Vom unerhörten Zwange?

Du bist behütet und bewacht
Im Haus gleich einer Nonne,
Versperrt, vergittert in der Nacht,
Versteckt auch vor der Sonne.

Und hast doch just so rothes Blut
Wie Jeder in den Adern,
Doch ist der bestgewillte Muth
Machtlos vor festen Quadern.

Versuch' es, mach' der Alten vor,
Du wolltest beichten morgen,
Im zweiten Stuhle links vom Chor
Halt' ich mich dann verborgen.

Der dicke Pater Guardian
Ist mir von manchem Zechen
Ein gar vertraulicher Kumpan
Und läßt wohl mit sich sprechen.

Ich weiß von ihm schon viel zu viel,
So braucht es nur ein Wörtchen,
Daß er uns gern zum Minnespiel
Aufschließt ein Hinterpförtchen.

Trinkmette.

Hat Einer zum Trinken nun triftigen Grund,
Der sag' es und öffne den durstigen Mund
Und meld' es mit Ergo bibamus!
   Ergo bibamus!
So rufet den Wirth und den Küfer herein,
Damit wir am lange gelagerten Wein
Erquicken uns neque sitiamus!
   Neque sitiamus!

Her haltet zur Kanne den räumigen Krug,
Auf daß wir ihn füllen zum gründlichen Zug
Fein säuberlich neque sitiamus!
   Neque sitiamus!
Hoch lebe das Liebchen, das Jeder sich denkt!
Und habt ihr den Krug überm Haupte geschwenkt,
Setzt nieder ihn, vas repleamus!
   Vas repleamus!

So segelt nur weiter mit Sinn und Verstand,
Habt immer am Henkel die hebende Hand,
Es lohnet sich, vas repleamus!
   Vas repleamus!
Die Fässer im Keller, wem lassen sie Ruh?
Das Loch in der Kehle, wer näht es uns zu?
O Brüderlein, ergo bibamus!
   Ergo bibamus!

Hoppoldey.

Linken Fuß voran gesetzt,
Schleifet nach den rechten,
Dreht euch auf der Stelle jetzt,
Daß sich Ringe flechten.
Weiter so
Frisch und froh!
Erst im Zuge,
Bald im Fluge,
Uchherrjeh und Achherrjeh!
Drückt der Schuh, thut's Füßchen weh.

Lasset los und seht euch an
Beide mit dem Rücken,
Schnell herum! euch wieder dann
Arm in Arm zu drücken.
Lacht und blickt,
Fangt geschickt,
Und dann wirbelt,
Bis euch schwirbelt,
Uchherrjeh und Achherrjeh!
Drückt der Schuh, thut's Füßchen weh.

Hoch die Hände! höher noch!
Daß das nächste Pärchen
Schlüpft gebückt durch's offne Joch
Und sich krümmt kein Härchen.
Friedel kniet,
Liebchen zieht
Um ihn Kreise
Rund im Gleise,
Uchherrjeh und Achherrjeh!
Drückt der Schuh, thut's Füßchen weh.

Burschen, macht das Mädel warm,
Faßt es fest ums Mieder,
Schwingt es hoch mit starkem Arm,
Setzt es glimpflich nieder.
Und es muß
Einen Kuß
Euch in Ehren
Keine wehren,
Uchherrjeh und Achherrjeh!
Drückt der Schuh, thut's Füßchen weh.

Mädels, was auch platzt und reißt,
Mutter näht's geschwinde,
Die weiß auch, was tanzen heißt
Pfingsten bei der Linde.
Löset gar
Sich das Haar,
Laßt es fliegen
Und sich wiegen,
Uchherrjeh und Achherrjeh!
Füßchen thut beim Tanz nicht weh.

In der Stadt.

In Dämmrung langt' ich an am Thor,
Der neue Thorwart hielt mir vor
Den rost'gen Spieß des alten.
Der Sel'ge hätt' es nicht gethan,
Der hätt' im Wighaus mir beim Span
Den Steinkrug hingehalten.

Hinein ins Städtchen kam ich doch,
Spielleuten hat allwärts ein Loch
Der Zimmermann gelassen.
Bald fand ich wieder mich zurecht
Kreuzquer im Wirrwarr und Geflecht
Der Giebel und der Gassen.

Noch grade so stand Haus bei Haus,
Wie da zuletzt ich zog hinaus,
Mit Erkern und mit Lauben.
Noch plätscherte wie sonst und floß
Der Brunnen auch für Mann und Roß
Und Mägdelein mit Hauben.

Es hatt' am Markt die Schneiderzunft
In ihrer lieben Unvernunft
Noch immer leere Ständer,
Der Schmalsteg über Sumpf und Siehl,
Von dem hinab schon Mancher fiel,
Noch immer kein Geländer.

Still war es in der Mauern Haft,
Als ruhten Rath und Bürgerschaft
Und Gilden und Gewerke.
Nur im Rathskeller war noch Licht,
Jedoch verhängt, daß Keiner nicht
Der Herren Trinken merke.

Da hatt' ich einen Stein im Brett, —
Was ihr gelobt, jetzt macht es wett,
Hochedle und Wohlweise!
„Trinkstubenriegel, thu dich auf!
Für jeden Trunk ein Lied in Kauf!"
Da saßen sie im Kreise.

Und wahrlich! die Geschlechterherrn
Sahn unter sich den Spielmann gern,
Bei Neckarwein verbündet.
Des Rathes Silberhumpen kam,
Das Trinkschiff der Profonsul nahm,
Und Freinacht ward verkündet.

Je mehr ich sang, so mehr man trank,
Zu schaffen hatten ohne Dank
Der Küfer und sein Bube.
Das ging, bis Alles bei der Naht,
Der Bürgermeister und der Rath,
Schlief in der Herrenstube.

Kleine List.

Mädel, du bist schlank und schier
Und gesund gewachsen,
Deiner Zöpfe Wünschelzier
Dünkt mich eitel flachsen.

Deines weißen Nackens Bug
Und den stolzen Rücken
Staun' ich an schon lang' genug
Und das mit Entzücken.

Aber könnt'st dich umzudrehn
Dich nicht bald entschließen?
Möchte dich von vorn zu sehn
Auch einmal genießen.

Wer mir stets den Rücken kehrt,
Läßt mich übel trauen,
Ob es wohl der Mühe werth,
Sein Gesicht zu schauen.

Hui! gelungen ist die List,
Die dich wenden machte,
Sieh mal an, wie schön du bist!
Schöner, als ich dachte.

Ja, man muß es nur verstehn,
Zweifeln hilft und Schelten,
Mädchen wollen unbesehn
Nie für häßlich gelten.

Die Nächste.

Was willst du, Herz? bin nicht gewöhnt
Von dir so heftig Schlagen,
Du weißt, es ist dir streng verpönt,
Zu trauern und zu klagen.
Und heute läßt du mir nicht Ruh,
Thust quälen mich und grämen,
Gehörst doch einem Spielmann zu!
Herz, solltest dich was schämen!

Noch einen Krug! wem bring' ich ihn
Mit wohlbedachtem Sinne?
Dir, du braunäugig Magedin,
Für deine süße Minne!
So hat mich Keine noch geherzt
Wie du in weichen Armen;
Daß es vorüber ist, das schmerzt, —
Wer wird sich mein erbarmen?

Halt, Hunold Singuf! höre doch!
Nimm deinen Stab und wandre;
Um Eine Noth? das fehlte noch!
Ist's Die nicht, ist's ein' Andre.
Vorwärts! und wechsle wie der Mond,
Bist sonst ja nicht der Trägste,
Die Mädels sind's auch schon gewohnt,
Drum floreat die Nächste!

Spielmannslohn.

Ich habe mir mit Sang und Spiel
Schon manchen Preis gewonnen,
Doch leider ist's, war's noch soviel,
Bald durch die Kehle geronnen.

Kein Angedenken hab' ich mehr
An klangerfüllte Stunden,
Es ist und bleibt der Beutel leer,
Und Alles ist verschwunden.

Nur eines Abends denk' ich noch
In einer Stadt am Rheine,
Da ward ganz unversehens doch
Der höchste Spieldank meine.

Es war nicht Gold, nicht Ehrenkranz
Für die gesungnen Lieder,
Doch neidisch sah mit vollem Glanz
Der Mond darauf hernieder.

Es brachten, die mein Sang gerührt,
Als Lohn mir im Vereine
Zu einem Kusse zugeführt
Die schönste Frau vom Rheine.

In Demuth nahm ich hin den Dank
Von ihrem rothen Munde,
Und stolz trag' ich ihn lebenslang
Auf meines Herzens Grunde.

O Herr, so du mir gnädig bist
Auf deinem Himmelsthrone,
Daß man ein armer Spielmann ist,
Lohnt sich bei solchem Lohne!

Die zwei Ratten.

Es waren zwei Ratten mit rauhem Schwanz,
Ruschimuschikuschifidibum!
Die wollten zusammen zum Kirchweihtanz,
Ruschimuschikuschifidibum!
Sie zogen sich an ihren Sonntagsstaat
Und freuten sich über die reiche Wat,
Sie dachten, es könnte sie Keiner,
Und jede dünkte sich feiner.

Sie krochen dem Bauer ins Wagenstroh,
Ruschimuschikuschifidibum!
Und fuhren umsonst zur Kirchweih so,
Ruschimuschikuschifidibum!
Und als der Bauer am Kruge hielt,
Da ward im Saale schon aufgespielt,
Sie kletterten vom Gefährte
Und kräuselten sich die Bärte.

Der Dudelsack und der Sumber klang,
Ruschimuschikuschifidibum!
Dem Fiedler die erste Saite sprang,
Ruschimuschikuschifidibum!
Die Ratten wurden da sehr geehrt
Und wären doch lieber gleich umgekehrt,
Sie konnten sich kaum gewöhnen
An all das Summen und Dröhnen.

Nun traten sie aber zum Tanzen an,
Ruschimuschikuschifidibum!
Die eine als Weib, die andre als Mann,
Ruschimuschikuschifidibum!
Auf einmal hieß es mitten im Tanz:
Das sieht ja aus wie ein Rattenschwanz,
Ruft doch den Herbergsvater,
Der hat einen schwarzen Kater.

Der Kater sprang: jetzt kriegt ihr den Lohn!
Ruschimuschikuschifidibum!
Hilf Himmel! Herr Kater, wir gehen ja schon!
Ruschimuschikuschifidibum!
Der Kater aber biß zweimal zu,
Da hatten die Ratten vom Tanzen Ruh,
Man hing sie an den Schwänzen,
Die Stallthür zu bekränzen.

Valet!

Nun trinke Valet und fahre dahin!
Frisch an, Geselle, frisch an!
Ein tapferes Herz und ein fröhlicher Sinn,
Das hilft in den Sattel dem Mann.
Was rüstig begonnen,
Ist halb schon gewonnen,
Drum vorwärts! und biete dem Glücke die Hand
Zu Wege, zu Stege, zu Wasser und Land.

Wenn dich in der Ferne die Schwalbe umkreist,
Dann denke, so fliegt sie auch hier,
Das Tischlein, an dem du noch gestern gespeist,
Giebt heut einem Andern Quartier.
So werden getrieben,
Die gerne geblieben,
Es rostet kein Riegel, es bindet kein Band
Zu Wege, zu Stege, zu Wasser und Land.

Wenn sauer der Wind um die Nase dir weht,
Was thut es? nur immer grad' aus!
Und hat dir ein Mädel den Kopf verdreht,
Reich' ihr den Vergißmeinnichtstrauß.
Wo immer auch winken
Dir Becher zum Trinken,
Da schüttle nicht, lösch' in der Kehle den Brand
Zu Wege, zu Stege, zu Wasser und Land.

Nun werde gesprochen das letzte Wort,
Valet, Geselle! Valet!
Was hier verwelket, das blühet dort,
Und einmal wird Alles wett.
Wenn lange verklungen,
Was einst wir gesungen,
So hält doch in Stürmen die Treue noch Stand
Zu Wege, zu Stege, zu Wasser und Land.

Mittsommerstrauß.

Wer wird nun den Mittsommerstrauß,
Du armes Kind, dir pflücken?
Und weinst du dir die Augen aus,
Darfst dich mit Rosen nicht schmücken;
Die Gilgen sind für dich zu weiß,
Dir ziemt nicht Veil und Ehrenpreis,
Nur Kraut und grüne Blätter.

Wenn ihr mir keine Gilgen gönnt,
Schleich' ich mich still bei Seite,
Und weil ihr mir nicht helfen könnt,
Brauch' ich auch kein Geleite.
Es findet die verlaff'ne Braut
Wohl Frauenthrän' und Haderkraut,
Friedlos und Gottvergessen.

Und sollt' ich gar betrogen sein
In Schmach und Missewende,
So such' ich mir Neunhämmerlein,
Weiß auch, zu welchem Ende.
Wachholder wächst und Rosmarin,
Und unterm Hagedorne blühn
Wegwart und Wedewinde.

Doch wenn mein Liebster wiederkehrt,
Ist keine Treu gebrochen,
Er hat zu hoffen mich gelehrt,
Das Ringlein mir versprochen.
Daß ihn der liebe Gott behüt'!
Nach ihm nur schmachtet mein Gemüth
Wie Sommerlaub nach Regen.

Bei Wocken und Krug.

Sie saß am Wocken und spann,
Er saß beim Krug und sann,
Er stumm und sie verschwiegen.
Die Sonne schien herein,
Schien auf den Krug und den Lein,
Im Zimmer summten die Fliegen.

„Nun ist der Frühling da,"
Sagt' er, sie sagte „ja!"
Er trank und setzte nieder.
„Deß sind wir beide wohl froh,"
Sagt' er, sie sagte „wieso?"
Und knüpfte den Faden wieder.

„Willst einen Gefallen mir thun?"
Sagt' er, sie sagte „je nun!"
Die Spindel verworren schwebte.
„Wenn'st willst, was ich denk', so geschicht's,"
Sagt' er, sie sagte — nichts,
Aber sie glüht' und bebte.

Er küßte sie rasch auf den Mund,
Sie umschlang ihn mit Armen rund,
Und beide waren erschrocken.
Geredet war ja genug,
Sie hatten sich, — und der Krug
Der schielte hinüber zum Wocken.

Die Pröbstin von Wendhusen.

Es war im Kloster Michelstein,
Da schrieb ein wundersam Latein
Hochwürden Abt Ulricus.
Er sprach: „Nimm diesen Brief, mein Sohn,
Verdiene dir den Botenlohn,
Die Wege, merk' ich, kennst du schon
Zur Pröbstin von Wendhusen."

Bald klopft' ich mit dem Pfortenring
An's Nonnenkloster wingdewing!
„Macht auf dem Laienbruder!"
Da zwitschert's durch das Gitterlein:
„Hier lassen wir kein Mannsbild ein,
Es müßte denn der Bischof sein,
Zur Pröbstin von Wendhusen."

„Zu bringen hätt' ich was gehabt,"
Rief ich, „vom Michelsteiner Abt,
Lateinisch ist's geschrieben."
Im Kreuzgang kichert's, huscht und schwirrt,
Dann Alles still, der Riegel klirrt,
Und vor mir stand sie hold verwirrt,
Die Pröbstin von Wendhusen.

War eine schöne, bleiche Frau
Mit dunklem Auge, dunkler Brau;
Sie sah mich an mit Sinnen,
Als sie das Wachs am Briefe brach,
Daß bis ins Herz ihr Blick mich stach,
„Komm, daß ich Antwort schreibe," sprach
Die Pröbstin von Wendhusen.

Die Antwort heischte neuen Brief,
Zum Abte ging, zur Pröbstin lief
Der junge Laienbruder.
Viel Briefe gab's, ich ward nicht lahm,
Und als ich wieder einmal kam,
Mich mit in ihre Zelle nahm
Die Pröbstin von Wendhusen.

Sie gab mir reiches Botenbrot,
Und ihre Wangen wurden roth,
Nach jedem Brieflein röther.
Was sich begeben mit uns Zwei'n,
Das soll euch nicht verschwiegen sein:
Es lehrte mich des Abts Latein
Die Pröbstin von Wendhusen.

Schnapphähne.

Ein Fuhrmann mit drei Rößlein
Fuhr dort bergauf, thalein,
Im Wagen volle Fäßlein
Mit Wirzeburger Wein.

Er rief hot hü! und knallte
Und trieb die Mähren an,
Daß es im Walde schallte,
Der unbedachte Mann.

Was blitzt da fern im Laube?
Was trabt für Waldgethier?
Stahlhemd und Pickelhaube,
Schnapphähne, zwei, drei, vier!

Sie fallen in die Zügel,
Sie sperren ihm die Bahn,
Der Ritter ruft vom Bügel:
„Was hast du unterm Plan?

Wehrwölfe, was gewonnen?
Steckt mal die Nas' hinein!"
Spricht Einer: „Nichts wie Tonnen,
Und, Herr, es riecht nach Wein!"

„Wein? auch nicht ganz uneben!
Der Fang bringt Fröhlichkeit,
Fuhrmann, fahr' zu! wir geben
Zur Burg dir das Geleit."

Am Eckernkruge.

—

Am Eckernkrug die Eiche
Sah manche hundert Jahr,
Sie wuchs schon, als im Reiche
Carolus Kaiser war.

Es steht in ihrem Schatten
Ein Tisch mit einem Bein,
Demselben dient zur Platten
Ein alter Mühlenstein.

Dort hab' ich jüngst gerastet
Am Tisch und auf der Bank,
Und weil ich lang' gefastet,
Rief ich nach Speis' und Trank.

Bald kam damit gegangen
Des Krügers rosig Kind,
Ich sah an Mund und Wangen
Mir fast die Augen blind.

Sie sprach zu mir und lachte,
Doch ich war starr und stumm,
Ich weiß nicht, was ich dachte,
Der Mühlstein lief rundum.

Und als ich schied von hinnen,
Da war so schwer mein Schritt,
Ich trug im Herzen drinnen
Gewiß den Mühlstein mit.

Kleine Mädchen.

Jüngferlein ihr, fasset Muth
Allesammt im Städtchen!
Spielmann ist den Kindern gut,
Sonders kleinen Mädchen.
Sträußchen wind' ich euch und Kränze,
Knire lehr' ich euch und Tänze,
Zimmr' euch auch ein Puppenhaus,
Kleide Püppchen an und aus.

Kommt, ich mach' aus buntem Tuch
Schleppen euch und Kragen,
Wie sie festlich beim Besuch
Ritterfräulein tragen.
Blumen heft' ich euch ans Röckchen,
Ringle sprödes Haar in Löckchen,
Hab' im Sack ein Spiegelein,
Lachen muß, wer schaut hinein.

Blas' ich euch auf der Schalmei,
Hei, wie sollt ihr springen!
Hacken, Spitzchen, eins zwei drei!
Könnt auch dabei singen.
Kommt, ihr zierlichen Figürchen,
Reiht euch alle rund am Schnürchen,
Ringleinschnellen heißt das Spiel,
Kleine Mädchen lehr' ich viel.

Knabenspiel.

Nun tummelt euch, Buben,
Auf Höfen und Huben
Mit Schwertern und Speeren,
Mit Schilden und Geren
Und starkem Geschoß,
Zu Fuß und zu Roß.

Ich lehr' euch turnieren,
Foresten, leisieren
Und stoßen und stechen
Und Lanzen zerbrechen
In Tjost und Buhurd,
Von Splittern umsurrt.

Ihr Kleinen sollt reiten
Auf Großen beim Streiten,
Liegt Einer im Sande,
Den schlaget in Bande,
So will es der Brauch,
Ihr übet ihn auch.

Ich will euch auch lehren,
Euch wacker zu wehren
Auf Mauern und Thürmen,
Beim Steigen und Stürmen,
Daß Jeder im Feld
Einst steh' wie ein Held.

Istud vinum.

Ein wanderfroher Hinker hinkt
Auch über Berg und Thal,
Ein bügelfester Trinker trinkt
Auch ohne Durst einmal.
Daß Hinken sich mit Trinken reimt,
Macht, Eines kommt vom Andern,
Denn wen der Wein hat festgeleimt,
Dem fällt es schwer zu wandern.
Istud vinum, bonum vinum,
vinum generosum
reddit virum intestinum
fortem, animosum.

Wir dachten noch an keinen Halt
Im Siebenmeilenschritt,
Da hält uns Einer mit Gewalt
Am Wirthshaus und will mit.
Nun rasten wir, nun kleben wir
Und können nicht von dannen,
Es sei denn, vorher heben wir
Den, der da liegt, mit Kannen.
Istud vinum, bonum vinum,
vinum generosum
reddit virum intestinum
fortem, animosum.

Ein gätlich Faß in Eisenband,
Gefüllt und wohl gepflegt,
Ruht lang' schon an der Kellerwand,
Allwo's kein Stoß bewegt.

Der Wein, so klar wie Goldesfluth,
Gesalbt von Vater Rhenus,
Macht Trinkers Herz so hochgemuth,
Als winket ihm Frau Venus.
Istud vinum, bonum vinum,
vinum generosum
reddit virum intestinum
fortem, animosum.

Den größten Becher gießet voll,
Sitzt nieder auf der Bank,
Und still jetzt, wenn ich kosten soll!
Gott's Lohn, ist das ein Trank!
Ein jungfrisch Weib und alten Wein
Werd' ich so leicht nicht rügen,
Doch sollt' ich sagen: sädelt's ein
Verkehrt! da müßt' ich lügen.
Istud vinum, bonum vinum,
vinum generosum
reddit virum intestinum
fortem, animosum.

Nun trinke Jeder, was er kann,
Und geb' es rechts herum,
Wer austrinkt, fängt von vorne an,
Sit privilegium!
Der edle Wein, der gute Wein,
Der Wein von Gottes Gnaden,
Das ist ein Wein, da kann sich drein
Die Seel' im Leibe baden.
Istud vinum, bonum vinum,
vinum generosum
reddit virum intestinum
fortem, animosum.

Wer sonst?

Wo er fährt, fliegt ihm voraus
Seines Ruhmes Bote,
Böglein pfeift im Waldeshaus
Ihm die Reisenote.
Zieht er ein durch's dunkle Thor,
Füllen sich die Gassen,
Gleich als wollte hier ein Mohr
Sich bewundern lassen.

In die Schenke will er gehn,
Und in hellem Haufen
Drängt es nach; ihn nur zu sehn,
Fängt man an zu raufen.
Wenn er spricht, wird Alles still
Wie auf ein Beschwören,
Jeder spitzt das Ohr und will
Seine Worte hören.

Greift zur Geige der Gesell,
Klopfen schon die Herzen,
Aller Augen werden hell
Wie geweihte Kerzen.
Wenn er nur die Saiten stimmt,
Scheint's, daß er im Kreise
Alles Volk gefangen nimmt,
Und sie athmen leise.

Singt er erst mit lautem Klang,
O dann ist kein Halten,
Denn es leben in dem Sang
Zaubrische Gewalten.
Spielt er gar zum Tanze schon,
Ja das giebt ein Schweben,
Als wenn Strich und Takt und Ton
Hoch den Tänzer heben.

Allbekannt ist er im Land
Und in jedem Städtchen,
Wenn er winket mit der Hand,
Folgen ihm die Mädchen.
Wie er heiße, fragt ihr mich,
Der bewährte Sänger?
Wer es sei? — wer sonst, als ich?
Ich, der Rattenfänger!

Böser Traum.

Jüngst hatt' ich einen bösen Traum:
Mein Leben war verwettet,
Der Strang hing schon für mich am Baum,
Und ich war schlimm verkettet.

Da sprengt' ein Reiter: „Hört mich! hört!“
Rief er mit raschem Winken,
„Singuf ist frei, wenn er verschwört
Das Küssen oder das Trinken!“

O Marterbosheit! solche Qual
Noch in der letzten Stunde!
Schon halb gehängt und noch die Wahl
Zwischen Becher und rothem Munde!

„Ach was! und wenn ich hängen muß!
Ich kann mich nicht entscheiden,
Den Strick um Hals! will Trunk und Kuß
Und Kuß und Trunk nicht meiden!“

Die Leiter knarrt, — da wacht' ich auf,
Von schwerem Alp befreiet,
Getröstet, daß mein Lebenslauf
Mir annoch gut gedeihet.

Doch hat mich in der Morgenruh
Gemahnt des Traums Versinken:
Ich soll, eh' es zu spät dazu,
Mehr küssen und auch mehr trinken.

Die vier fahrenden Spielleut.

Vier Spielleut schlossen einen Bund,
Sie wollten zusammen schnarrenzen
Und ehrlich theilen Pfennig und Pfund
Auf Kirmeß und Bauerntänzen.
Der Erste das wälsche Flachrohr blies,
Der Zweite dazu floitierte,
Der Dritte wohl in die Posaune stieß,
Den Sumber tamburte der Vierte.

Es war eine herrliche Kumpanei,
Nur Schade, daß den Gesellen
Manchmal mißstimmte die Melodei
Grad' an den schönsten Stellen.
Denn Jeder zählte für sich und hielt
Sein eignes Gehör für feiner,
Kaum wissend, was die Andern gespielt,
Auf Noten verstand sich Keiner.

Und noch mehr Schade, daß die Vier
Sich gar so schlecht vertrugen
Und nach Gestichel und Schimpfier
Oft braun und blau sich schlugen.
Doch kam es nur auf Reis' und Rast
Bei nüchternem Verstande,
Betrunken fühlten sie sich umfaßt
Vom innigsten Eintrachtsbande.

Die Schnabelflöte brach den Streit
Gewöhnlich kurz vom Zaune
Und schalt bei jeder Gelegenheit
Auf Wülwin mit der Posaune.
„Hast's wieder mal gottzerbärmlich gemacht,"
Sprach Wezzel mit der Flahute,
„Hast uns aus allem Takt gebracht
Mit deinem Sauhirtengetute."

Bautz! kriegte Wezzel den ersten Schlag,
Und Wülwin traf ein zweiter,
Und munter ging's den ganzen Tag
Umzichtig immer so weiter.
War aber Flachrohr mit Flöte dabei,
Posaune mit Sumber im Bunde,
So währte die gründlichste Hauerei
Kaum eine geschlagene Stunde.

Auch anderweit schlug Zank hervor,
Bis es zum Raufen gekommen,
Dann wurde Rumpold mit dem Rohr
Scharf ins Gebet genommen.
Und freilich war's kein feines Lob,
Daß er die Krüglein vertauschte,
Den Andern sein leeres unterschob
Und sich an den ihren berauschte.

Oft kam ein Gewitter, das Hagel barg,
Auch über Schneppe gezogen,
Es hieß, der Tamburer habe zu arg
Sie bei der Theilung betrogen.
Zwei trauten's auch dem Floitierer zu,
Daß mit Schneppe den Knoten er schürzte,
Und Wezzel wieder ließ es nicht Ruh,
Ob ihn jener nicht auch noch verkürzte.

So gab es tagtäglich Zusammenstoß,
Aus Worten wurden dann Streiche,
Doch unberufen! der Durst war groß,
Der brachte bald Alles ins Gleiche.
Es herrschte Fried' und Freundschaft dann,
Sobald selbvier sie getrunken
Und auch selbviere wie ein Mann
Bums! unter den Tisch gesunken.

Der vier fahrenden Spielleut fröhliche Musika.

Ich kannte die Viere lange schon,
Eh' sie zusammen sich thaten,
Und ich sag' euch: ein ganz richtiger Ton
Ist selten Einem gerathen.
Doch machten sie einen erklecklichen Lärm,
Man durfte zu nahe nicht gehen,
Sie schütterten Einem im Bauch das Gedärm,
Hübsch war's, sie von ferne zu sehen.

Der Beste war der mit dem wälschen Rohr,
Und Rumpold von Regensburg hieß er,
Zwar war er zuweilen zwei Takte vor,
Am richtigsten aber blies er.
Es kam wohl vor, daß er sich vergriff
Und hoch schlug über die Stränge,
Doch weil er gar so rührend pfiff,
Verzieh man ihm auf die Länge.

Der mit der Flahute blieb auch nicht stumm,
Hieß Wezzel, war hager und knöchern,
Aber es liefen ihm nur so herum
Die Finger auf allen acht Löchern.
Oft war es ein überraschender Klang,
Den er dem Holz entlockte,
Wie der Schnabelflöte Schwanengesang,
Wenn ihm die Puste mal stockte.

Wülwins des Dicken Posaune rief
Wie Feurio in das Geflöte,
Sank auch der Ton meist etwas tief,
Stieg doch seiner Wangen Röthe.
Er blies, als käme das jüngste Gericht,
Die Kraft war nicht zu ermatten,
So was wie Pausen kannt' er nicht,
Nur langsam ging es von Statten.

Der Schneppe, das war ein pfiffiger Kerl,
Geschmeidig und schlank wie ein Knabe,
Er konnte sich winden wie ein Schmerl
Und stehlen wie ein Rabe.
Er paukte den Sumber und warf ihn empor
Und ließ auf dem Finger ihn tanzen,
Er rasselte, schnarrte und that sich hervor,
Als wär' er die Seele des Ganzen.

Tanzlieder konnten die Braven nur drei,
Und Schneppe half dabei singen,
Zu Ridewanz und Hoppoldei
Gab das ein Schmettern und Klingen
Mit Flötentrillern in Sprung und Lauf,
Mit Pfeifen und starkem Posaunen,
Der Sumber wirbelte ab und auf
Mit Schellengeklirr und Rasaunen.

Scharwerkten die Viere so lustig und laut,
So konnte man's gassenlang hören,
Ich freilich hätte mich nicht getraut,
Die Ratten damit zu beschwören.
Sie haben das Richtige nicht erzielt,
Frau Musika thät trauern,
Sie hatten auf's Falsche sich eingespielt,
Und fröhlich tanzten die Bauern.

Der vier fahrenden Spielleut trauriges Ende.

—

Sie hatten gespielt die halbe Nacht,
Getrunken aber die ganze
Und dann sich auf den Weg gemacht
Bei Viertel-Mondes Glanze.
Da Keiner konnt' alleine gehn,
So faßten sie sämmtlich sich unter,
Und von des Morgenwindes Wehn
Ward auch noch Keiner munter.

So wankten sie denn Arm in Arm,
Vier Glieder einer Kette,
Und hofften, daß sich der Himmel erbarm'
Und aus Fährlichkeiten sie rette.
Sie schoben hinüber von rechts nach links
Quer über des Weges Breite,
Dann wogend wieder herüber ging's
Schräg zu auf die andere Seite.

Nun kamen sie aber an einen Fluß
Auf ihrem geschlängelten Wege,
Der hatte zu der Viere Verdruß
Den allerschmalsten der Stege,
Daß wirklich nur ein einzelner Mann
Drauf Platz zum Gehen hatte,
Einseitig war als Geländer dran
Nur eine zerbrechliche Latte.

Was thun? kein Einziger traute sich
Allein hinüber zu gehen,
Denn losgehenkelt wär's sicherlich
Um alle Viere geschehen.
Wülwin, der Schwerste, schlug endlich vor,
Nur kriechend den Steg zu beschreiten,
Doch Rumpold hatte dafür kein Ohr,
Er wollte hinüber reiten.

Die Schnabelflöte noch Bess'res ersann,
Das Unglück zu überbrücken:
Sie schlossen sich fest an einander an,
Um seitwärts hinüber zu rücken.
So ward der bedenkliche Balkengang
Denn Schulter an Schulter gewaget,
In Kleber=Kletten=Zusammenhang
Ging's seitwärts unverzaget.

Schon hatte das Kunststück den halben Weg
Sich als fürtrefflich erwiesen,
Da kriegte mitten auf dem Steg
Wülwin ein erschreckliches Niesen.
Er stürzte kopfüber, hat Alle mit
Hinunter ins Wasser genommen, —
Da sind die fahrenden Spielleut selbdritt
Elendiglich umgekommen.

Nur der Tamburer kam lebend ans Land
Und konnte sich dort verschnaufen,
Es darf ja nach der Welt Verstand
Was hängen soll, nicht versaufen.
Auch er ist ledig jetzt aller Noth,
Er baumelt hoch am Galgen,
Allwo sich schon zum Morgenbrot
Die Raben um ihn balgen.

Spatz, Ratz, Katz.

Auf dem Dache der Spatz,
In der Rinne die Ratz,
In der Luke die Katz,
Da saßen die Drei mit Sinnen
Und wußten nichts Rechts zu beginnen.

Schilp, schilp! sprach der Spatz,
Nimm in Acht dich, dicke Ratz!
Siehst du nicht die alte Katz?
Sie thut zwar, als ob sie schliefe,
Doch stille Wasser sind tiefe.

Habe Dank, kluger Spatz!
Rief die rauhe, graue Ratz,
Bin nicht bange vor der Katz,
Nach dir aber seh' ich sie schielen,
Sie möchte mit dir wohl spielen.

Was du denkst, dumme Ratz!
Ich kann fliegen, lacht' der Spatz
Und flog näher zu der Katz.
Er ließ in der Luke sich nieder
Und plusterte sein Gefieder.

Einen Satz macht die Katz,
Weg vom Platz ist die Ratz,
In der Tatz schreit der Spatz. —
Ihr Kinderchen, lasset euch lehren,
Vor eigener Thüre zu kehren.

Trotz Zwing und Bann.

Auf deiner Schwelle der Drudenfuß,
Ein Kreuzdorn an der Thüre, —
Nur Schad', daß vor dem Hexengruß
Ich gar kein Grauen spüre.
Die Liebe schlupfet doch hinein,
Sie setzt wohl über Stock und Stein
Mit lustiger Aventiure.

Ich brauche keinen Minnetrank,
Nicht Zauberspruch und Segen,
Will Farrensaamen baar und blank
Nicht in die Schuh' mir legen.
Springwurzel, die den Riegel bricht,
Und Wünschelruthe führ' ich nicht
Auf mitternächtigen Wegen.

Ich hab's nicht nöthig, weil ich seh',
Daß ich bei Tage verschwiegen
In deinem Herzen spuken geh',
Ich hatte leichtes Siegen.
Trotz Twing und Bann kam ich hinein,
Du ließest offen zwei Fensterlein,
Da bin ich eingestiegen.

Am Waldteiche.

Ein Mägdlein ging im grünen Wald,
suavis et formosa,
War schlank und lieblich von Gestalt,
florens quasi rosa.

Und sieh! da war ein stiller Teich,
silva circumdata,
Ach, wär' ich doch ein Fischlein gleich!
cogitat ornata.

Und wie sie um und um sich sah,
solitaria fuit,
Was meint ihr wohl, was da geschah?
vestem hic exuit.

Dann blieb sie dicht am Ufer stehn,
bella creatura,
Wie noch kein Auge sie gesehn
puram in natura.

Da schwiegen alle Vögelein
formam mirabundae,
Da hüpften über Kies und Stein
appetentes undae.

Sie stieg hinein in keuscher Lust
quercu sub vetusta
Und kühlte sich die weiße Brust
membraque venusta.

Auf einmal aus dem Busche sprang
canis ad venandum,
Im Wasser ward dem Mädchen bang,
quid nunc ad velandum?

Von dem, was hier das Hündlein fand,
tunicam heu! demit,
O weh! laß mir mein weiß Gewand!
virgo clamat, gemit.

Das Hündlein sprang wohl her und hin,
tunicam in ore,
Da lief ihm nach das Magedin,
Cypris pulchrae more.

Als endlich sie's ihm abgejagt,
adest non viator,
Schlüpft sie hinein und denkt verzagt:
vidit me venator?

Zwischen zwei Blonden.

Einen Tag, eh' Pfingsten kam ins Land,
Da hatt' ich ein Plätzchen beim Trinken!
Die Hellblonde saß mir zur rechten Hand,
Die Dunkelblonde zur Linken.

Es waren zwei rosige Mägdelein,
Gar aufgeräumt zum Scherzen,
Und beide zusammen und jedes allein
Auch höchst gefährlich dem Herzen.

Kaum war der Humpen vor mir leer,
Da hob wie auf ein Zeichen
Die Dunkelblonde das Kännlein schwer,
Die Hellblonde that desgleichen.

Und also füllten zu gleicher Zeit
Mir beide lächelnd den Becher,
Und mitten dazwischen in Fröhlichkeit
Saß der beneidete Zecher.

Ich blickte links und blickte rechts
Und thät den Humpen schwenken:
Heil euch, ihr Lieblichsten eures Geschlechts,
Ihr blondgelockten Schenken!

Dann setzt' ich an, und köstlich war
Die Füllung mir gemischet,
Das Halb und Halb hat wunderbar
Mir Herz und Sinn erfrischet.

Was habt ihr Zwei in trautem Bund
Mir da hinein gegossen,
Daß mir mein durstiger Spielmannsmund
In Liedern übergeflossen?

Sind's eure Augen, ist's der Wein
Oder was sonst gewesen?
Ach! es trinkt sich so zwischen Zwei'n
Ausbündig und auserlesen.

Wenn wir mal wieder beisammen sind,
Wollen wir wieder so trinken,
Dann sitze zur Rechten, dunkelblond Kind!
Hellblonde, du zur Linken!

———— ·•· ————

Auf der Burg.

Jungrüstig fahr' ich durch den Gau,
Durch Feldflur und Gemarkung,
Frei Luft schafft mir und Morgenthau
Kopfklarheit, Herzerstarkung.
Die Lerche steigt im Sonnenstrahl,
Es prangt die Apfelblüthe,
Tief wonnig dringt von Berg und Thal
Der Mai mir zu Gemüthe.

Burg Stolzeck ist mein Wanderziel,
Da weiß ich mich willkommen,
Da wird Gesang und Saitenspiel
Mit Freuden aufgenommen.
Viel Gäste bringt der Frühlingswind,
Fräuleins und junge Lanzen,
Die Herrschaft und das Burggesind
Wolln beide gerne tanzen.

Der Ritter lohnt mir Lied und Leich
Mit stattlichen Gewändern,
Und zieh' ich weiter, bin ich reich
An zarten Liebespfändern.
Im Palas wird nach mir gefragt,
In Thurm und Kemenate,
Bald muß ich Knapp, bald Gürtelmagd
Beistehn mit gutem Rathe.

Wenn's oben schon im Saale schweigt,
Verschenkt ist jedes Kränzlein,
Wird unten noch mal aufgegeigt
Ein ehrbar Küchentänzlein.
Zum Schlaftrunk doch im Kämmerlein
Mit Ausguck nach dem Hofe
Kredenzt mir süßen Würzewein
Ein himmlisch Balg von Zofe.

Der Mundschenk und der Falkenier
Sind meine Trautgesellen,
Wir pflegen ein klein Trinkturnier
Zuweilen anzustellen.
Auf Vögel, deren Schwingen feucht,
Giebt's dann ein waidlich Baizen,
Auch dem Kaplan es rathsam däucht,
Mit Zuspruch nicht zu geizen.

Ihr Schusterrößlein, greifet aus,
Pfadkund'ge Meilenschreiter!
Ihr tragt durchs Thor ins Ritterhaus
Gar einen durst'gen Reiter.
Dort ragt schon aus dem Klippenhorst
Der Bergfried in die Lüfte,
Mich dünkt, es weht was übern Forst
Wie Wildschweinsbratendüfte.

———————◆———————

12*

Markttag.

Die Fahne weht vom Rathhausdach,
Und Markttag ist es heute,
Da find' ich auch wohl noch Gemach,
Nahrung und hübsche Leute.

Ich brauche keinen Deut am Thor
Dem Zöllner darzureichen,
Bei keinem Meister sprech' ich vor
Mit Gunst ums Handwerkszeichen.

Der Bärwirth hat den größten Saal
Und auch die meisten Gäste,
Doch bessern Trunk zapft allemal
Goswin zur Güldnen Quäste.

Ich will noch mal zum Bären gehn,
Doch schenkt er wieder Sauern,
Zieh' ich, mein Seel! er soll es sehn,
Zur Quäste mit den Bauern.

Wenn nur nicht gar der Hollerswam
Schon läßt sein Spielzeug knarren!
Es klingt wie auf dem Knüppeldamm
Ein ungeschmierter Karren.

Ha! sag' ich's nicht? er kratzt und schabt, —
Daß dich die Pest verderbe!
Doch warte nur! es wird gestabt,
Hast mehr schon auf dem Kerbe!

Heraus jetzt mit der Rohrschalmei!
Wenn ich mein Stücklein blase,
Führ' ich dem Hollerswam vorbei
Das Völklein vor der Nase.

Dann mag er bei dem Rachenputz
Zum Tanz den Bären bringen,
Bei Goswin laß ich ihm zum Trutz
Tischhoch die Mädels springen.

Sommerspiel.

Ringelreie, Rosenkranz,
Rosenkranz,
Schwebet auf und nieder!
Lustig ist der Firlefanz,
Firlefanz,
Dreht euch hin und wieder!
Mädel streckt den Finger hin,
Knabe will ihn haschen,
Doch die schmucke Tänzerin
Zieht zurück den raschen.
Fängt er sie,
Hält er sie,
Darf ein Küßlein naschen.

Auf dem weiten Wiesenplan,
Wiesenplan,
Blühn der Blumen viele,
Mädchenhände wohlgethan,
Wohlgethan,
Pflücken sie zum Spiele.
Blättlein schmal und Blättlein dicht
Zupfen sie und zählen:
Liebst mich oder liebst mich nicht,
Denn ich möchte wählen?
Trifft es ein,
Bist du mein,
Mußt dich mir vermählen.

Plappermäulchen, Zippelzeh,
Zippelzeh,
Plaudern, lachen, wippen,
Zähne glänzen weiß wie Schnee,
Weiß wie Schnee,
Zwischen rothen Lippen.
Mädchen hast in Wang' und Kinn
Allerliebste Grübchen,
Komm, wir wechseln her und hin
Kämmerlein und Stübchen;
Aber jetzt
Ist's besetzt,
Schabe, schabe Rübchen!

Reifenwurf und Fangeball,
Fangeball,
Schwinget hoch im Bogen,
Also kommt dir Knall und Fall,
Knall und Fall,
Auch mein Herz geflogen.
Mußt es fangen und geschwind
Deines fliegen lassen,
Will es seitwärts wehn der Wind
Werd' ich's flink doch fassen.
Hast du meins,
Hab' ich deins,
Wird wohl grade passen.

Lockung.

Schläfst du, Liebchen? schläfst du schon?
Laß kein Traum dich irren,
Horche, wie mit süßem Ton
Meine Saiten schwirren.
Blinkend lauschen alle Sterne
Auf mein Liedlein zur Quinterne,
Klimperlingklingkling! laß ein!
Liebe will bei Liebe sein.

Oder komm herunter sacht
Nur in leichter Hülle,
Daß sich in verschwiegner Nacht
Unser Wunsch erfülle
Und beschirmt von dichten Zweigen
Innig sich die Herzen neigen.
Klimperlingklingkling! steh auf!
Loser Fuß hat leisen Lauf.

Eilend rauscht der kleine Fluß,
Seine Wasser klingen,
Wellen tauschen Gruß und Kuß
Flüchtig im Umschlingen.
Willst in meinen Arm dich schmiegen,
Will ich dich wie Wellen wiegen.
Klimperlingklingkling! mach' schnell!
Muth ist jeden Glücks Gesell.

Liebchen, holdes Liebchen, komm!
Schleiche auf den Zehen,
Laß mit Zaudern furchtsam fromm
Nicht die Zeit vergehen,
Daß der Morgen uns nicht grauet,
Eh' du mir dein Herz vertrauet.
Klimperlingklingkling! — klingling!
Horch! der Riegel klirrt im Ring.

Der Kellergeist.

Halt, Wirth! jetzt hab' ich dich erwischt,
Steh Rede mir und beichte:
Was hast du in den Wein gemischt,
Daß er mein Herz erweichte?
Obzwar dir altem Hängedieb
Ich nie was Gutes gönnte,
Hab' ich auf einmal dich so lieb,
Daß ich dich prügeln könnte.

Da sprach der Wirth: das thut ein Geist,
Der mächtig jedem Banne
Bei mir im Keller sich erweist
Beherend jede Kanne.
Jüngst war es fast um mich geschehn
In mitternächt'ger Stunde,
Da hab' ich selbst ihn sitzen sehn
Auf eines Fasses Spunde.

Die erste Kanne jedem Gast
Er also mischt und kühlet,
Daß sie die schwerste Sorgenlast
Ihm aus dem Herzen spület.
Er schüttet Augentrost hinein
Und Sälde, reich gemessen,
Mit Frohmuth würzet er den Wein,
Macht Schulden gern vergessen.

Kommt dann die zweite bald in Gang,
So pflegt er sich zu rühren,
Gießt in den Wein schon Sang und Klang,
Daß es die Trinker spüren.
Und ob ein Dutzend Brüderlein
Die vollen Becher schwingen,
Ob Einer einsam und allein,
Hilft nichts, er muß dann singen.

Doch was er in die goldne Fluth
Der nächsten Kanne menget,
Das flackert und rumort im Blut,
Als ob dich Feuer senget.
Frau Minne kommt, mit raschem Kuß
Den Sänger zu bestricken,
So daß er Alles lieben muß,
Was sich vor ihm läßt blicken.

Bei dieser Kanne bist du jetzt,
Gast, fordre keine weiter!
Die vierte stachelt dich und hetzt
Und macht aus Lämmern Streiter.
Es treibt des Geistes arge List,
Bis sich die Zecher schlagen,
Im besten Fall das Ende ist,
Daß Zwei den Dritten tragen.

Clerici beati sunt.

Grüß dich, Pfäfflein! Pfäfflein gelt?
Lustig lebt sich's in der Welt.
Brauchst, wenn es beginnt zu tagen,
Nur die Augen aufzuschlagen
Und bist fertig Morgens früh
Mit des Lebens Last und Müh.
Pfiff, Pfaff, Pfäfflein roth und rund,
Clerici beati sunt.

Pfäfflein, strahlend Glaubenslicht,
Vollen Mondes Frohgesicht,
Hast ein Kirchenstück zu schleppen
Ausgetretne Kellertreppen,
Schon hinunter geht es schwer,
Doch hinauf noch dreimal mehr.
Pfiff, Pfaff, Pfäfflein roth und rund,
Clerici beati sunt.

Pfäfflein, macht's der Malvasier
Oder braunes Klosterbier?
Deine Äuglein glühn und glasten,
Hast das Bäuchlein nicht vom Fasten,
Bist kein Freund von Litanei'n,
Bann und Bußen und Kastei'n.
Pfiff, Pfaff, Pfäfflein roth und rund,
Clerici beati sunt.

Pfäfflein, singst am vollen Faß
Gern ein Lied mit deinem Baß,
Bügelst gern mit wackern Mönchen,
Hast auch gern ein muntres Nönnchen,
Und was Jesus Sirach preist,
Macht dich fromm und macht dich feist.
Pfiff, Pfaff, Pfäfflein roth und rund,
Clerici beati sunt.

Pfäfflein, bist dem Spielmann gut,
Der weiß auch, wie Dürsten thut,
Komm hinab in kühlen Schatten,
Daß das Kränzlein an der Platten
In der Sonne dir nicht bleicht,
Selig ist, wer spundwärts schleicht!
Pfiff, Pfaff, Pfäfflein roth und rund,
Clerici beati sunt.

Spottvögel.

Wenn ich mit staubbedecktem Fuß
Landstreichend einsam schreite,
So geben mir mit Ruf und Gruß
Die Vöglein das Geleite.

Sie fliegen mit von Baum zu Baum
Mich neckend, wo ich wandre,
Und machen Halt die ersten kaum,
So kommen wieder andre.

„Es wäre Zeit," fängt an der Fink,
„Daß man den Schuster holte,
Nicht schaden könnt' es, wenn er flink
Die Schuhe dir besohlte."

„Und seht euch doch sein Wams mal an!"
Lacht Zeisig dicht daneben,
„Ich mein', er könnt' dem Schneidersmann
Was zu verdienen geben."

„Spielmann!" zirpt Jungfer Grasemück
Von ihrem Birkenzweige,
„Was kostet's, wenn du uns ein Stück
Aufspielst auf deiner Geige?"

„Ich soll dich grüßen," schilpt ein Spatz,
Als wenn was Rechts er wüßte,
„Von deinem vorvorvor'gen Schatz,
Der Sonntag noch dich küßte."

Der Plattmönch pfeift: „Ihn drückt's nicht schwer,
Er hat ein weit Gewissen,
Ob Eine wen'ger oder mehr
An Dornen sich gerissen."

Gevattrin Meise aber spricht:
„Laßt endlich ihn in Frieden!
Der Spielmann ist der Schlechtste nicht,
Dem warmes Blut beschieden."

„Gelbschnäbel ihr!" rief ich zuletzt,
„Wir sind zumal Vaganten,
Schämt euch, daß ihr mich höhnt und hetzt,
Den Gutfreund und Bekannten!

Was habt ihr denn vor mir voraus?
Ein Nest und ein Paar Flügel,
Ich hab' nicht Hind, nicht Kind, noch Haus,
Drum duld' ich keinen Zügel."

Unbekehrt.

Mönchlein, willst mich bekehren?
Zu was in aller Welt?
Ein Krüglein schnell zu leeren,
Und wie man's hält und stellt?
So sage mir's und mach mir's vor,
Ich hab' ein sehr gelehrig Ohr.

Wie man die Arme schlinget
Um eines Mägdleins Hals?
Nun, wie man das vollbringet,
Das wüßt' ich allenfalls.
Indessen, kannst es besser du,
Zeig' mir's, ich lerne gern noch zu.

Du meinst, ich soll mich bessern?
Soll in die Kirche gehn?
Mir das Getränk verwässern
Und nicht nach Mädchen sehn?
Ei Bruder, das ist viel verlangt
Von Einem, dem so wenig bangt!

Was ich hab' auszubaden,
Das wird so viel nicht sein,
Ich hoffe, daß in Gnaden
Der Herrgott obenein
Dem Spielmann, den's zur Schenke zieht,
Ein wenig durch die Finger sieht.

Jedennoch kannst du glauben,
Ich bin ein guter Christ,
Der auch beim Blut der Trauben
Sein Mädel nicht vergißt.
Nicht wahr, Leukardis? komm, schenk ein!
Münchlein giebt Ablaß uns beim Wein.

Im Keller.

In dieser Laube trink' ich
Mit den Gesellen mein,
Von meinem Hochsitz wink' ich
Dem Schenken und dem Wein.
Ich bin im Bund der Sieben
Vortrinker und Kaplan,
Von Silber ist getrieben
Mein Trinkfaß wohlgethan.

Ich fand von Ost zu Westen
Kein Winkelchen wie dies,
Drum trink' ich hier vom Besten,
Bis man mir Bessern wies.
Als wär' ich drin geboren,
So heimelt es mich an,
Hätt' ich mein Herz verloren,
Hier unten sucht' ich's dann.

In diesen Mauern säumte
Ich manche liebe Nacht
Auch einsam, trank und träumte,
Was trunken mich gemacht.
Es ist ein trautes Fügen,
Was mir den Ort geweiht,
Ich könnte hier nicht lügen,
Nicht sinnen Haß und Streit.

Einst unter diesem Tische
Hier buchten sie mich ein,
Und daß sich's nicht verwische,
Trägt eine Schrift der Stein:
Ehmalen saß er munter
Bei voller Becher Tausch
Hier drüber, jetzt hier drunter
Verschläft er seinen Rausch.

———•••———

Der Tochtermann.

Frau Schwieger und Frau Base,
Ich nehme Stock und Hut,
Aus einem leeren Glase
Trinkt es sich selten gut.
Ich gab Euch einen Tochtermann,
Der's Gott sei Dank! vertragen kann,
Zu Zeiten Eins zu bürsten,
Drum will er auch nicht dürsten.

Mein Weibchen lernt' ich kennen
Auf einem Brautlaufschmaus,
Euch nicht von ihr zu trennen,
Nahm ich Euch mit ins Haus.
Doch wenn Ihr mich zu gängeln denkt,
So weiß ich, wo man Guten schenkt,
Inzwischen haltet Wache
Hier unter Dach und Fache.

Ich komme durch den Garten,
Ihr kennt ja meinen Schritt,
Doch braucht ihr nicht zu warten,
Den Schlüssel nehm' ich mit.
Die lieben Brüder warten mein,
Sie werden schon beisammen sein,
Sie sitzen feucht und feste,
Und fehl' ich, fehlt der Beste.

Gehabt Euch wohl, Frau Schwieger!
Truta, hab' keine Bang'!
Ich blieb noch immer Sieger,
Wo man die Becher schwang.
Und wenn ihr's nicht vergessen wollt:
Falls sich das Fäßlein füllen sollt'
Dort unten in der Klause,
Leer's langsam ich zu Hause.

Ratten und Mäuse.

Kommt aus den Löchelchen,
Mäuschen, heraus!
Krümel und Knöchelchen
Kriegt ihr zum Schmaus.
Wie ich euch liebe,
Näscher und Diebe,
Niedliche Grauchen,
Männchen und Frauchen!
Naget euch, waget euch
Hurtig heraus!
Jaget euch, traget euch
Zucker ins Haus!

Ratten, ihr huschigen,
Höret ihr nicht?
Kommt aus den buschigen
Winkeln ans Licht!
Schnuppert und schlecket,
Was ihr entdecket,
Speck oder Butter,
Leckeres Futter.
Dränget euch, zwänget euch
Durch das Stacket,
Länget euch, hänget euch
Schwelgend ans Fett!

Schlüpfet und hüpfet, ihr graulichen Schaaren,
Kommt aus Genisten und Höhlen gefahren,
Rucket und zucket hervor und heraus,
Alles, was Schwänze hat, Ratz oder Maus!

Eins, zwei, drei!

O Wein, wie aus dem Ei geschält
Bist du mir anzusehen,
Doch hüt' dich! wenn ich drei gezählt,
Wirst du da nicht mehr stehen.

Eins! — siehst du wohl? ich wußt' es ja,
Duckst schon ein wenig nieder,
Doch das war Spaß, du bist noch da,
Paß auf! jetzt komm' ich wieder.

Zwei! — heda! bist schon wie ein Zwerg
So klein mit einem Male;
Was flüssig ist, das läuft vom Berg
Zu Thal und immer zu Thale.

Und drei! — aha! wo bist du jetzt?
Nun spielst du wohl Verstecken?
Du warst gewarnt, daß du zuletzt
Ein Ende nähmst mit Schrecken.

Leukardis! — hätt' ich doch nicht drei
Gesagt in Unbedachte!
Leukardis!! — dumme Zählerei!
Leu—kar—dis!!! ich verschmachte!!

Die Hörer.

Wenn Singuf seine Lieder singt,
So wägt er nicht die Worte,
Es sprudelt ihm und quillt und springt
Aus offner Herzenspforte.
Die Hörer tragen sie hinaus,
Der Eine sagt sie dem Andern,
Denn Lieder bleiben nicht zu Haus,
Sie sterben, wenn sie nicht wandern.

Der Frohe schlägt auf die Schulter mich:
Das nenn' ich mal gesungen!
Der Neiding mäkelt und giftet sich,
Weil ihm nichts Rechts gelungen.
Toll sind die Mädels hinterdrein
Und machen mir zu schaffen,
Singuf, sing weiter! jubeln die Lai'n,
Und mordio! schreien die Pfaffen.

Scheltet nicht.

Scheltet mich nicht um den lustigen Sang,
Werdet doch nimmer mich lenken,
Schlag' ich auch wirklich mal über den Strang,
Müßt doch nicht schlecht von mir denken.

Niemals auch werd' ich, was Mann oder Weib
Heilig und werth ist, verspotten,
Aber ich halte mir gerne vom Leib
Unken und Grillen und Motten.

Was mich erfüllt mit lebendigem Hauch,
Läßt sich nicht dämmen und halten,
Lieder im Herzen und Knospen am Strauch
Springen mit Frühlingsgewalten.

Meldet der Lenz sich mit Sturm und Gebraus,
Schnall' ich den Gurt um die Hüften,
Fahr' in das Grün, in das Blaue hinaus,
Frei wie der Vogel in Lüften.

Rast' ich am Kruge, kehr' ich nur ein,
Finden sich gute Gesellen,
Lachende Mädchen und Lieder und Wein
Brauch' ich nicht erst zu bestellen.

Mitten im Leben, dem närrischen Tanz,
Und in der Menschen Gewimmel
Tret' ich dem Teufel zu gern auf den Schwanz,
Spielmann kommt doch in den Himmel.

Fragt nicht!

Fragt nicht wo! und fragt nicht wann!
Welches Mädchen? welche Frau?
Spielmann ist ein froher Mann,
Nimmt es selten so genau.

Tischzucht.

———

„Trinkt mal, damit ihr nicht soviel eßt!"
Wer darauf hinaus sich spielte,
Macht glauben, daß er den größten Rest
Am liebsten für sich behielte.

„Eßt tüchtig, damit ihr mehr trinken könnt!"
Das laß ich mir gefallen,
Den Wirth, der's seinen Gästen gönnt,
Den lob' ich mir vor allen.

———◆———

Gläserne Glocken.

Es läutet und locket mit Kling und Klang,
Die Glöckner sind fromme Gesellen,
Die gern die Gemeinde zum Kirchengang
Mit gläsernen Glocken bestellen.
Sie schlagen kein Kreuz, sie knieen nicht hin,
Sie sitzen auf Bänken und Stühlen,
Sie winken und plinken der Schaffnerin
Und kosten den Klaren und Kühlen.

Herein nur, ihr Müden, vom Wege bestaubt,
Und ihr, die mit Durste beladen!
Hier wird nicht gefragt, was ihr denkt und glaubt,
Hier kommen wir Sünder zu Gnaden.
Wer aber zu Hause sich schuftet und schind't,
Der darf auch mit Trinken nicht rasten,
Damit ihn der Teufel nicht müßig find't,
Drum zechen die Mönche beim Fasten.

So trinket denn, bis euch die Leber schwimmt,
Als flösse der Wein in den Straßen,
Und ist euch ein Maß oder mehr bestimmt,
Wohlan, so trinket mit Maßen!
Rückt näher und näher ans Faß heran
Und tretet in meine Tapfen,
Denn wenn ich schon gar nicht mehr trinken kann,
So seh' ich doch gerne noch zapfen.

Grabschrift.

Und bötet ihr ein Bisthum mir
Und wolltet mich heilig sprechen,
Ich ließe für der Inful Zier
Nicht ab vom Singen und Zechen.
Und suchtet ihr eine Pfalz mir aus,
Ich bliebe, statt hoch zu thronen,
In einer junglustigen Wittib Haus
Viel lieber im Winter wohnen.

Ich mag in keinem Kreuzgang ruhn,
Will einst im Walde schlafen,
Und wollt ihr mir groß Ehre thun
An meines Schiffleins Hafen,
So meißelt mir die Chronika:
Er war unter seines Gleichen
Ein Markgraf der Frau Musika
In ihren blühenden Reichen.

Er war ein Wandrer dieser Welt,
Sein Lied war sein Begleiter,
Er war ein Fahrender ohne Zelt,
Ein Spielmann und nichts weiter.
Er war mehr fröhlich, als betrübt
Und führt' ein nothhaft Leben,
Hat viel gesungen, viel geliebt,
Drum sei ihm viel vergeben!

Herbst.

Es falbt der Wald, bunt wird das Laub
Und spielt in allen Farben,
Das Korn ward längst der Sense Raub,
Aus Ähren wurden Garben.
Gelbgrüner Wipfel Goldesglanz
Mischt sich mit bräunlich dunkeln,
Purpur durchglüht den Bergeskranz,
Feurige Büsche funkeln.

Nun ist dem Herbste Macht verliehn,
Der Wind braust in den Zweigen,
Und lange Sommerfäden ziehn,
Die kleinen Vöglein schweigen.
Ein kalter Hauch weht durch die Hall'n
Und will ans Herz uns fassen,
Wir müssen, wenn die Blätter fall'n,
Von unserm Liebsten lassen.

So welkt das Glück, das uns erfreut,
Dem wir mit Dank und Segen
Die letzten Blumen noch gestreut
Auf winterlichen Wegen.
Und stille wird's, bald decket Schnee,
Was todesreif geschieden,
Und hüllet Unruh, Streit und Weh
In tiefen Schlafes Frieden.

Zum Gedächtniß.

Dies bringen wir dir und trinken's dir zu,
Du Alter, du Lieber, Getreuer!
Von oben hernieder schaust, Seliger, du
Und lächelst: „So bin ich noch euer,
Wenn Lebenden ihr der Todten gedenkt
Und ihnen zu Ehren die Becherlein schwenkt,
Dieselben, die fröhlich geklungen,
Da mein Mund mit euren gesungen.“

Es wandeln vorüber und steigen hinab
Verehrte, vertraute Gestalten,
Wir sinnen und suchen am blumigen Grab
Die freundlichen Züge zu halten.
Dann kommen im wechselnden irdischen Lauf
Die Jungen und immer noch Jüngre herauf
Und nehmen, was wir einst besessen,
Und haben die Alten vergessen.

Doch die wir dich kannten, wie pflegen hinfort
Mit Freuden dein segnend Vermächtniß,
Wir rufen dich wieder und halten dir Wort
Und trinken zu deinem Gedächtniß.
Und fällt in den Trank eine Thräne hinein,
So würzet die Liebe der Enkel den Wein,
Und bist du auch von uns geschieden,
Bleibst bei uns doch lebig hienieden.

Die Minnesänger.

Wie oft gedenket eurer Zeit,
Ihr edlen Minnesänger,
In Ehrfurcht und Bescheidenheit
Singuf, der Rattenfänger!
Ihr mußtet aus dem Leben gehn,
Eh' mein Tag sich gelichtet,
Doch Mancher hat euch noch gesehn,
Der mir von euch berichtet.

O Wolfram von Eschenbach,
Zu Schildes Amt geboren,
Wie Harfen klingt zu Speergekrach
Dein Titurel den Ohren!
Gottfried von Straßburg, Meisterschmied
Im rothen Minnegolde,
Dir danken wir das hohe Lied
Von Tristan und Isolde!

Reinmar, du süße Nachtigall!
Veldeck, Getreuer, Alter!
Zuletzt, zuerst und überall,
Tandaradei, Herr Walter!
Bleibst immer uns der Liebste doch,
Du von der Vogelweide!
Wir singen deine Lieder noch
In Liebeslust und Leide.

Nur Einem folg' ich aus der Zahl
In seines Sanges Gleise,
Das ist Nitharts von Reuenthal
Freidörperliche Weise.
Manchmal trug er den Ritterhelm,
Doch öfter Bauernkappen,
Im Nacken hatt' er einen Schelm
Und einen Fuchs im Wappen.

Er faßte gern zum Ridewanz
Ein Dorfkind um das Mieder
Und sang im hellen Maienglanz
Schimpfmär und Winelieder.
Und wenn Herr Nithart Kurzweil spann
Im höfischen Gewande,
Ein Fahrender es auch wohl kann
Im schlichten Spielmannsstande.

Die schönste Frau vom Rheine.

Sei mir gepriesen und gelobt,
Du sangesfroher Rhein,
Wo ich gekostet und geprobt
So manchen goldnen Wein!
An deinen Ufern, rebengrün,
Viel schöne Frau'n und Mädchen blühn,
Wo aber wandelt Eine,
Die schönste Frau vom Rheine?

Ich weiß es wohl, doch nimmerdar
Werd' ich es euch gestehn,
Es würde sonst der Pilger Schaar
Zu ihr auf Wallfahrt gehn.
Ich saß bei ihr am Tafelrund,
Doch mir erstarb das Wort im Mund,
Stumm fand mich selbst beim Weine
Die schönste Frau vom Rheine.

Es schwebt gleich einer Königin
Ihr lilienstolzes Bild,
Ihr Wesen Anmuth, Huld ihr Sinn,
Ihr Lächeln wundermild.
Die Augen brunnentief und klar,
Hoch krönet dunkellockig Haar
Die Stirn von Elfenbeine
Der schönsten Frau vom Rheine.

Zieh hin, mein Lied, mit leisem Ton
Und kling umher um sie,
An ihrem Sitz, an ihrem Thron,
Zu ihren Füßen knie.
Soviel des Wassers fließt zur Au,
Soviel des Weines wächst im Gau,
Soviel grüß mir die Eine,
Die schönste Frau vom Rheine!

Brautlauf.

Bekränzte Thüren winken
Zu Lustbarkeit und Schmaus,
Tresor und Mahlschatz blinken
Im reichen Hochzeitshaus.
Die Zeit verging im Fluge,
Nun sind sie schon getraut,
Sie nah'n, sie nah'n im Zuge,
Heil Bräutigam und Braut!

Gestreut sind Laub und Blumen,
Laut schallt ein Pfeiferstück,
Mit Müttern und mit Muhmen
Zieht ein das junge Glück.
Die Gäste sind zu schauen
In Seiden und Siglat,
Die Fräuleins und die Frauen
Und edle Herrn vom Rath.

Dem Tücherwehn und Grüßen
Dankt froh das stolze Paar,
Vom Haupte der Vielsüßen
Wallt lang und frei das Haar.
Ihr Blick ist sternenhelle,
Ihr Lächeln Sonnenschein,
Und an des Bräut'gams Stelle
Möcht' Mancher gerne sein.

Die Tafel schwankt und schwebet
Und wird beim Mahl nicht leer,
Der Bürgermeister hebet
Den Humpen, silberschwer.
Sie rufen Heil und Segen
Und stoßen an mit Macht
Und sitzen Trinkens wegen
Bei Tische bis zur Nacht.

Nun, Spielleut, blast zum Tanze
Und fiedelt und fleitiert,
Bis von dem Jungfernkranze
Ein Zweiglein Jede ziert.
In Freuden fest verbunden
Fühlt sich Geschlechtersinn,
Das Brautpaar ist verschwunden,
Und Keiner weiß wohin.

Hollerswam.

Hollerswam zog über Land,
Fiedel auf dem Rücken,
Aber daß er Tänzer fand,
Wollt' ihm selten glücken.
Einmal doch zur Schenkenthür
Steigt er auf die Stufen,
Guckt der dicke Wirth herfür:
Kommst mir wie gerufen!
Hollerswam, Hollerswam,
Hollerswam, stimme die Geige!

Hollerswam zum Bogenstrich
Klettert auf die Tonne,
Bauernpaare schwenken sich
In der Goldnen Sonne.
Doch o weh! die Quinte knackt
Beim Springum, dem frohen,
Alles kommt aus Tritt und Takt,
Bauernfäuste drohen.
Hollerswam, Hollerswam,
Hollerswam, stimme die Geige!

Hollerswam in Ängsten sägt,
Schwitzt aus allen Poren,
Ton auf Ton ihm überschlägt,
Jetzt ist er verloren.
Keinen Takt noch länger steht
Auf dem Faß er oben,
Denn sie haben's umgedreht,
Drunter ihn geschoben.
Hollerswam, Hollerswam,
Hollerswam, stimme die Geige!

Hollerswam hört nun im Faß,
Wie die Bauern pfeifen
Und vergnügt um sein Gelaß
Springen, stampfen, schleifen.
Eingesperrt in Dunkelheit
Saß im Faß er munter,
Und wenn Keiner ihn befreit,
Sitzt er noch darunter.
Hollerswam, Hollerswam,
Hollerswam, stimme die Geige!

Gefangen.

Ein Mägdlein hat sich hingethan
Im tiefen Wald alleine,
Da hört sie ruhend Schritte nah'n,
Es rascheln Laub und Steine.
Und schau! der junge Jägersmann,
Den gar so gut sie leiden kann,
Kommt durch des Waldes Mitten
Grad' auf sie zu geschritten.

Sie denkt: nur schnell die Augen zu!
Schalkhaft, wie sie gesinnet,
Und angestellt, als schliefest du!
Was er dann wohl beginnet?
Sie blinzelt durch die Wimpern dicht,
Er kommt! er kommt! nun rühr' dich nicht!
Sie liegt wie hingegossen,
Von Schlummer fest umschlossen.

Der Jäger, was er unterm Baum
Sieht unverhoffter Weise,
Traut seinen eignen Augen kaum,
Schleicht näher doch ganz leise,
Daß unterm Fuß kein Ästlein kracht
Und nicht die holde Maid erwacht.
Doch die scheint traumumdämmert,
Derweil ihr Herzchen hämmert.

Wie Füchslein vor dem Eisen gar
Steht er und starrt und stocket,
Indeß ihr rothes Lippenpaar
Ihn recht als Köder locket.
Wenn ich nur wüßt', denkt er dazu,
Daß sie nicht aufwacht, wenn ich's thu'!
Am Ende wird sie böse,
Wenn ich vom Schlaf sie löse.

Das Mündlein ist ein' Erdbeer roth,
So beut sich's ihm nicht wieder,
Und sacht in süßer Herzensnoth
Bückt er zum Kuß sich nieder.
Schnapp! schlagen da zwei Arme zu
Rund um den Hals ihm, und im Nu
Sitzt in den weichen Zangen
Jung Jägersmann gefangen.

Abschied.

Mein Bündel ist geschnüret,
Frisch weht der Wind mich an,
Ich hab' es längst gespüret,
Daß ich nicht bleiben kann,
Und leichten Schritts im Wanderschuh
Kehr' ich der Stadt den Rücken zu.

Ihr Thürme mit Wimpergen,
Rathhaus und Giebelreih',
Mich zieht es zu den Bergen,
Ringmauern, gebt mich frei!
Mit Dank für gute Pfleg' und Rast
Scheid' ich als ein zufriedner Gast.

Die Wetterhähne knarren,
Roland schaut finster drein
Mit seinem Blick, dem starren,
Still sind die Mägdelein;
Sie wischen sich die Augen aus,
Der Spielmann will zum Thor hinaus.

Lebt wohl! und naht ein Freier,
Paßt auf, daß ihr ihn pirscht,
Eh' euch zum Nonnenschleier
Die Scheer' am Haupte knirscht.
Manch Eine hätte gern gefreit,
Die sich als Braut dem Himmel weiht.
Lebt wohl! lebt wohl!

Entwischt.

Ihr Ringleinhäscher, laßt mich frei,
Urfehde will ich schwören,
Ihr sollt nicht Fiedel noch Schalmei,
Trutzmädel, wieder hören.
Ich bleibe doch ein Junggesell,
Ihr zieht nicht übers Ohr das Fell
Dem flinken Herzensdiebe
In flotter Stegreifliebe.

Wenn ihr den Spielmann fangen wollt,
Habt Acht, ihr Halsumfasser,
Daß er euch nicht durchs Händchen rollt,
Glatt wie ein Aal im Wasser.
Ich war in eurer Massenie
Doch Hahn im Korbe, kickeriki!
Der läßt sich nicht beschleichen,
Komm, Schatten, wir entweichen!

Der verwunschene See.

Habt des verwunschnen Sees Acht!
Ein Zauber geht dort um:
Der Mund, der auf dem Wasser lacht,
Wird auf Zeit Lebens stumm.
Fragt nur die schmucke Wirthin dort,
Wie sie der Spuk ereilte,
Die spräche heute noch kein Wort,
Wenn Liebe sie nicht heilte.

Sie fuhr mit leichtem Mädchensinn
Hinaus auf einem Kahn,
Und sprach: so wahr ich lustig bin,
Ich glaube nicht daran!
Sie lachte hell und lachte laut,
Da sah sie Wellen steigen,
Doch was sie weiter noch erschaut,
Das mußte sie verschweigen.

Kein Kraut, kein Spruch vertrieb das Leid,
Der Zauber ließ nicht los,
Der Jammer um die schöne Maid
War in der Freundschaft groß.
Sie schlich betrübt durch Feld und Au
Den Freiern aus den Wegen,
Wohl meinend, eine stumme Frau
Sei keines Mannes Segen.

Doch Einer blieb in Lieb' ihr nah,
Dem ließ es keine Ruh;
Am Ende nickte sie dir Ja!
Denkt er, wärst stumm auch du.
Dann rudert der getreue Mann
Sich auf den See vom Lande
Und lacht, so laut er lachen kann,
Daß sie es hört am Strande.

Stumm kommt er wieder, kann und mag
Nur still noch um sie frei'n.
Sie schüttelt, doch am dritten Tag
Da wird die Stumme sein.
Und bei dem ersten Kusse rauscht
Das Wasser auf und nieder,
Sie haben — Jeder staunt und lauscht —
Die Sprache beide wieder.

Die Leiderlösten fuhren nie,
Nie wieder auf den See,
In Glück und Freude lachten sie
Und schritten bald zur Eh'. —
Sind Liebesleute noch so stumm,
Von Schüchternheit bezwungen,
Es löst wie ein Miraculum
Der erste Kuß die Zungen.

Wiederkehr.

Im Zickzack geht mein Spielmannsweg,
Von Dorf zu Dorf gezogen
Durch Feldmark und den Ufersteg
Komm' ich in weitem Bogen.
Ich schritt durch sandig Hügelland,
Da blühte roth die Heide
In kümmerlichem Kiefernstand,
Hier schatten Erl' und Weide.

Heil, Bischofsstadt, thurmtrotzig Nest,
Im grünen Weinbergkranze,
Burgwallumgürtet, mauerfest,
Gruß dir von Damm und Schanze!
Das Baugerüst am Münster steigt
Schon über Steinmetzhütten,
Und auf der Wohrt am Krahne schweigt
Kein Fischweib bei den Bütten.

Als ob ich hier zu Hause sei,
So winken mit dem Finger
Rathswage, Fleischbank und Probstei,
Gewandhaus, Zunft und Zwinger.
Sie stehen in der Straßen Zug
Mit Schindeldach und Schiefer,
Und Ratten giebt's darin genug,
Mausvolk und sonst Geziefer.

Dort hatt' ich einmal gut Quartier
Beim Schmied mit meiner Geige,
Manch starkes Trünklein that ich hier
Beim Weinvogt auf dem Steige.
Treppauf dort am Wildrosenstrauch
Im krausen Eisengatter
Und hier im Erker wohnt mir auch
Noch Gastfreund und Gevatter.

Das Wirthshaus hier zum Weißen Lamm
Hieß sonst zum Weißen Bären,
Wie soll ich auf dem greisen Stamm
Das Pfropfreis mir erklären?
Soll todt der alte Eisbär sein,
Der gröbste aller Wirthe?
Das muß ich wissen! holla! Wein,
Sanftmüth'ger Lämmerhirte!

Drei Rosen.

Drei Rosen blühn an einem Zweig,
Heißen Schweigen, Meiden, Leiden,
Sie sind durch keinen Fingerzeig
Am Strauch zu unterscheiden.
Von stiller Liebe wird beglückt,
Wer sich die Rose Schweigen pflückt
Und läßt die andern beiden.

Gemieden und geschieden wird,
Was Treue sich geschworen,
Wenn Eins sich in den Rosen irrt
Und hat die zweite erkoren.
Doch wer sich gar die dritte bricht,
Dem geht der Liebe strahlend Licht
In Leid und Nacht verloren.

Wir können nicht vorüber gehn
Mit Scherzen und mit Kosen,
Wir müssen wählen, wo sie stehn,
Eins von den Liebesloosen.
Greif zu! greif in den Strauch hinein,
Brich sie dir selber ab, die dein
Von den drei Schicksalsrosen.

Du kommst zu mir im Traume.

Du kommst zu mir im Traume,
So wie du leibst und lebst,
Und weilst bei mir im Raume
Voll Huld, bis du entschwebst.
Ich sehe dich vor mir stehen
Mit deiner schönen Gestalt,
Und Zeichen und Wunder geschehen
Aus deiner Zaubergewalt.

Sammtweiche, dunkle Augen,
Langwimperig, schauen mich an,
Blinzelnde Blicke saugen
Am Herzen dem seligen Mann.
Die Lippen so roth und minnig,
Sie lächeln den meinen so nah,
Sie plaudern so süß und sinnig
Von Glück, und das Glück ist da.

So spiegeln meine Träume
Mir deines Bildes Glanz
Wie sprühende Wellenschäume
Des Regenbogens Kranz.
Du aber, du Strahlende, sage:
Darf ich mit Liebesmacht
Zu dir nicht kommen bei Tage
Wie du zu mir bei Nacht?

Curriculum vitae.

Im Graben geboren, mit Püffen gewiegt,
Um Vater und Mutter betrogen,
Im Zaune versteckt, an Dornen geschmiegt,
Zum Betteln und Hungern erzogen,
Bei Seite gestoßen, geduckt und gehöhnt,
Um's Beste gebracht, an's Ärgste gewöhnt,
So mußt' ich in frühesten Tagen
Durch's lumpige Leben mich schlagen.

Ich hab' mich gewunden, geschunden, gedreht
Und mich an das Sprüchlein gehalten,
Daß Unkraut nun und nimmer vergeht,
Und würd' es in Stücke gespalten.
So bin ich, geschubst und geschleudert von All'n,
Doch immer auf meine vier Beine gefall'n
Und bin in der Fahrenden Orden
Ein lustiger Prior geworden.

Bald wuchs mir der Muth und die List und die Kraft,
Ich kannte nicht Fürchten, nicht Wanken,
Und was ich im Leben mir Gutes verschafft,
Sonst Keinem hab' ich es zu danken.
Und hingen mir Trauben zu hoch einmal,
So waren sie sicherlich sauer und schal,
Denn Alles kann ich bezwingen
Mit Fiedeln und Flöten und Singen.

Auf Wanderschaft hab' ich im Rasten und Ruhn
Vielmanches gelernt und getrieben,
Zuweilen auch wußt' ich nichts Beff'res zu thun,
Als minnige Mädchen zu lieben.
Ich habe mit manchem vertrauten Kumpan
Mein Baares und Blankes in Freuden verthan,
Wohin ich die Schritte mag kehren,
Da winken mir Hulden und Ehren.

So hab' ich mich fest auf mich selber gestellt
Und brauche mich nicht zu erniedern,
Hoch aufrecht und frei durchfahr' ich die Welt
Und erobre die Herzen mit Liedern.
Und wenn doch mal endlich beim Kragen mich kriegt
Der älteste Fiedelmann und mich besiegt,
Wird lange noch leben die Märe
Vom listigen Rattenfängäre.

Wunsch.

Da plagt man sich um's liebe Brod
Und füttert sich, bis daß der Tod
Als Wirth die Mahlzeit segnet.
Ich sorge nicht um andern Tag
Und denke: Schlag bringt Widerschlag,
Ob Sonne scheint, ob's regnet.

Man ißt zum Troste nichts so heiß,
Als es gekocht, wie Jeder weiß,
Muß man auch oft sich ducken.
Doch just Verbotnes reizt und lockt,
Und was man selbst sich eingebrockt,
Soll man auch selber schlucken.

Zum Nachtisch wünsch' ich Eines nur:
Mag meines Lämpchens letzte Spur
In blauen Dunst verschweben
Zur selben Stunde, da's sich schickt,
Daß mir der letzte Ton erstickt, —
Nicht singen heißt nicht leben.

———•———

Nach Hameln!

Ein seltsam schauderhaft Gerücht
Vernahm ich dieser Tage:
Es brächte langschwänzig Gezücht
Alt Sachsen Noth und Plage,
Und eine gute Stadt zumal
Wär' ganz davon besessen
Und würde dort im Weserthal
Leibhaftig aufgefressen.

Die Menschen könnten sich nicht mehr
Vor dem Geziefer retten,
Es wimmelte und spräng' umher
In Stuben, Schränken, Betten.
Die Ratten säh' man Gass' und Gang
Geschwaderweis durchstreifen
Und hörte laut wie Vogelsang
Der Mäuse schrilles Pfeifen.

Geduld! ich komme, Rattennest!
Und will von deinen Räubern
Bis auf des letzten Zahnes Rest
Befreien dich und säubern.
Singuf! das wär' ein Meisterstück,
Ging' es dir recht von Statten, —
Wohlhin und vorwärts auf gut Glück
Nach Hameln in die Ratten!